中学デビューシリーズ

初心者もぐんぐんレベルアップ

サッカー入門

JN083390

著

中村京平

藤沢市立鵠沼中学校サッカー部 元監督

ベースボール・マガジン社

はじめに

2022年度まで監督を務めていた藤沢市立鵠沼中学校で、2016年度に初めて県大会を制したのを皮切りに、全国大会で2度、ベスト16入りを果たすことができました。「普通の公立中学校がなぜそこまで強くなったのか？　何か特別な技術・戦術指導があったのでは？」と聞かれることもあります。

ここまでの指導者人生を振り返ってみても、正直なところ、何も特別なことはしていません。ただ、「サッカーは、人間力を育むためのツールの一つ」という考えを根底に持って選手たちと接してきたことは、その答えの一つかもしれません。「自分に矢印を向ける」をキーワードに、普段の学校生活の中でいろいろな

ことに気づき、他者へ配慮する心を持つ。その中でサッカー部では、誰かのために、チームのために行動する。部員数が多い学校だったので、試合に出られる選手も、出られない選手もいる中で、「一体感」をスローガンに掲げ、全員がチームの一員であり、必ず何かしらの役割があるということを意識させるように働きかけた頃から、徐々に結果が出るようになってきたように思います。

当然、そこには保護者、チームスタッフ、学校、地域の方のサポートがあります。特に保護者の方々には、「自分の子どもだけではなく、チームを応援してほしい」と伝えさせていただきました。それが浸透し、試合に出ていない選手の保

護者の方々も試合を見にきてくださることが増え、よりチームとしての一体感がより増していき、成果につながったように思います。県大会を制して全国大会へいくようになると、次の代の選手たちが「俺たちも」と目の色が変わり、好循環が生まれていきました。

　この本では中学生を対象に、技術ごとに練習メニューを紹介させていただいています。ただ、先述したように特別なものはなく、非常にベーシックなものばかりです。しいて言うなら、「試合で生きる」ことをどのメニューにおいても意識するように、ポイントなどを解説させていただきました。章ごとに、メニューの最初のほうはクラリティが高く（技術獲得など目的が明確）、徐々にリアリティがある（試合の状況に近い）メニューへと続いています。クラリティが高い練習においては、そこで発揮されるテクニックが正しいものなのか、選手自身も意識してほしいですし、指導者の方はそこをしっかりとジャッジして声をかけていってほしいと思います。

　最後の章では、指導する上で大切にしてきた考え方もお伝えさせていただきました。この本を手にとった選手自身、あるいは指導者の皆さんにとって、何か気づきが得られるものになることを願っています。

中村京平

サッカーの魅力

　サッカーには、多くの魅力があるのは間違いないと思います。私の中でサッカーの魅力を挙げるとすれば、「判断の連続」という点にあると考えています。

　サッカーに限った話ではないかもしれませんが、ピッチ内でボールを持っている(あるいは持っていない)選手に、プレーを選択する権利があります。その中で、常に周りを見ることと判断の連続であり、決断の連続が生まれます。そうした繰り返しの中で、選手自身が成功も失敗もたくさん経験しながら、その先に勝利や敗戦が付随してきます。

　試合の中では、監督として外から見ていると「こっちにパスを出したほうがいい」と思う場面は多々あると思います。でもそこで、「こっちに出しなさい」と指導者が指示するのは、私は好きではありません。選手自身の判断を奪い、監督やコーチの言う通りにプレーする選手にはなってほしくないからです。それはすなわち、これをしなければならないという「決まりがない」サッカーの魅力が削がれてしまうことでもあると思います。

もう一点、これはサッカーに限らずスポーツ全体に言える話であると思いますが、「負けても得られるものがある」という言葉をよく聞きます。それ自体は正しいと思いますが、私の場合は、「勝たなきゃ得られないものがある」という伝え方をするようにしています。

　もちろんこれは、「汚い手を使ってでも勝て」という意味ではありません。勝利という目標があるからこそ、辛いことや苦しいこともあるし、その過程においては決して楽しいことばかりではないけれど、なんとかそれを乗り越えようという心が育まれると思います。そして、勝つことで新しい景色が見えて、次にまたその景色を見ようと努力を続けていける。「はじめに」でも伝えましたが、鵠沼中学校では全国大会に出場したことで、後輩たちにも「オレたちもあの景色が見たい」という思いが芽生え、良い連鎖が生まれていきました。加えて、日々、一生懸命に練習する選手の姿や行動を見て、学校や地域の方々からも、よりいっそう応援してもらえるようになっていきました。

目 次

PART 1　パス＆コントロール
PASS & CONTROLL

PART 2　ドリブル　DRIBBLE

PART 3　ヘディング　HEADING

PART 4　シュート　SHOOT

PART 5　対人プレー（守備）　DIFFENCE

協力／藤沢市立鵠沼中学校、藤沢市立滝の沢中学校（グラウンド提供）
構成／木村雄大
写真・動画／阿部卓功
デザイン／paare'n

この本を有効に使うために

この本は、サッカーの基本技術の取得を目的として、さまざまな練習メニューを中心に構成しています。パス＆コントロール、ドリブル、ヘディング、シュート、対人プレー（守備）、GKのテーマ別にメニューをまとめ、メニューの進め方やポイントなども掲載しています。よく読んで、取り組んでみてください。

【練習メニューページの見方】

練習メニュー名
技術を習得するための
メニューの名前

進め方
練習の進め方を説明

QRコード
スマホやタブレットなど
で読み取ることで、動画
を見ることができる

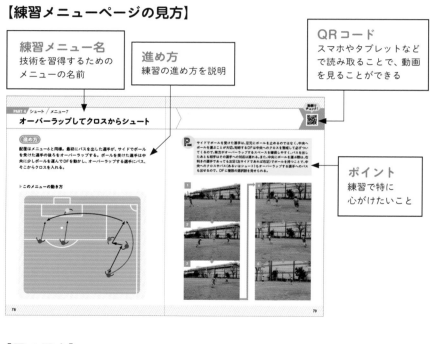

ポイント
練習で特に
心がけたいこと

【図の見方】

オフェンス	ディフェンス	ゴールキーパー	その他
（OF）選手	（DF）選手	（GK）	（コーチやサーバー）

ドリブル 〰〰〰▶　　人の動き ········▶　　ボールの動き ━━━▶

PART 1 パス&コントロール
PASS & CONTROLL

サッカーの基本技術の中で非常に
重要なのは、ボールを止めて、蹴
ること。止まった状態で正確に行
なうことも大切ですが、サッカー
は常に人もボールも動いています。
次のプレーを意識して、ボールを
操れるようにしていきましょう。

パス&コントロール
PASS & CONTROLL

パスの出し方、すなわちボールの蹴り方は、インサイドキックやアウトサイドキックなどさまざまな種類がある。自分の形ができるようにキックの練習を繰り返すことも大事であるが、より大切なのは、「試合の中でどのよう

鉄則 1 ボールが止まらないと、蹴れない

サッカーにおいて、なぜパスとコントロールが常にセットとして扱われるのか。それは、狙ったところにパスを出す（ボールを蹴る）ためには、すぐに蹴られる場所にボールを止める（コントロールする）ことが必要だからである。次のパスを右足で蹴りたいのであれば、自分の右側へ。ロングパスを出したいのであれば、相手の状態にもよるが、一歩踏み込むために少し離れたところにボールを止めなければならない。

また、クラリティが高い（技術獲得などテーマが明確な）練習では、指導者は選手たちのテクニックが正解だったのかどうか、常にジャッジしてあげる必要がある。流れのままに練習が進んでいくだけにならないようにしたい。その際、ボールを持っている（オン・ザ・ボール）選手だけではなく、ボールを持っていない選手（オフ・ザ・ボール）の動きまで見てジャッジしてほしい。

鉄則 2 パスを届けて終わりではない

パスは、出し手から受け手へボールが渡ればいいというわけではない。ゴールに向かってプレーするため、必ず「次」がある。次にどんなプレーをしてほしいのかを考えるところまでがパス。受け手のどちらの足に出すのか、ボールスピードや高さはどうすべきか。出し手が再びボールを受けるた

めに動くことを含めて、「メッセージ」をパスに込めることを意識したい。

それと同時に、パスは出し手だけが主導ではなく、受け手がアクションを起こすことで出し手からのパスを引き出すこともある。そこでも常に「次」を意識して、プレーを連続させていきたい。

パス＆コントロールの絶対鉄則

にプレーをするか」「サッカーは必ず相手がいる」ということ。パス＆コントロールの練習を最初に行なうチームもあるだろうが、「練習のための練習にならない」ように、下記の鉄則を理解した上で取り組んでいこう。

鉄則 3 相手がいることを意識する

　鉄則2とつながる部分ではあるが、次にどういうプレーをするかは、相手（ディフェンス）によって変わるもの。パスの出し手と受け手の意図が合致していたとしても、相手がそれを狙ってきているのであれば、その逆手をとるプレーに変えなくてはいけない。その駆け引きこそ、サッカーの醍醐味であるとも言える。

　そのためには、自分と味方の選手、相手を「見る」必要がある。パス＆コントロールをする際に「ヘッドダウンしない」（頭を下げない）と言われるのはこのため。間接視野でボールを捉えながら、同時に周囲の状況を見ることを初心者であってもできるようにしたい。狙ったところにボールを止めて、蹴るだけのような「練習のための練習」ではなく、試合を想定した練習を積み重ねていこう。

▲シンプルな3人でのパス回しの練習でも、ディフェンス役を入れて行なうことで試合を想定したものに近づく

パスからのドリブル

進め方

2人組で7〜8mの距離をとり、片方の選手（A）がボールを持つ。もう一人（B）へパスを出し、AはBのほうへ走る。BはワンタッチでAにリター

ンし、Aはボールを受けたらドリブルでBの後ろをまわり、スタートの位置に戻る。Bにパスをして、同じように繰り返す。

パスを出して受け手にわたったら終わりではなく、プレーの連続性を意識させるための練習。Aはパスを出したら、状況やポジションに合わせたスピードでBのほうに走る。またBは、リターンパスをAの走るスピードに合わせて、コントロールしてドリブルをしやすい強さに調整する。Aはボールを受けてドリブルするときに、頭を下げないこと、そして「見る」ことを意識する。シンプルな練習だが、いろいろな要素がある。

トライアングルパス

進め方

6人組で行なう。3人が三角形（トライアングル）をつくり、その中にディフェンス役の3人が入る。外の3人がパスを回す。ディフェンス役はパスをインターセプトせずに相手の前に立つのみ。パスを出したら目の前のディフェンス役の選手と入れ替わる。これを繰り返す。トライアングルの外側でパスを回すパターンと、内側に切り返して回すパターンを行なう。

▶ このメニューの動き方

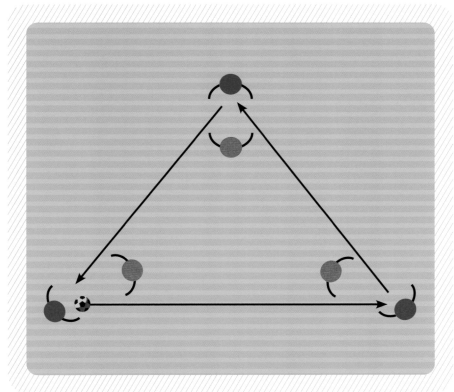

Point ただ立ったままでパスを受けるのではなく、次のパスを出したいところにボールをコントロールできるように、必ずチェックの動きを入れる。下の写真では、右足で次のパスを出せるように、パスの出し手のほうへボールを迎えにいくように一度動くことでディフェンスの意識を寄せている。

チェックの動きを入れる

ここにボールを
コントロールしたい

トライアングルパス

パターン①外側でパスを回す

反時計回りで、右足でパスを受けて右足でパスを出す、オーソドックスなパターン。

パターン②内側へ切り返してパスを回す

反時計回りで、右足から左足へ切り返してパスを回す、応用のパターン。

左側からきたパスに対して、右足のほうへコントロールするふりをして素早く左足へ切り返して、左足で次のパスをする。パスが弱いと切り返しでディフェンスを振りきるのは難しいので、出し手のパススピードも大切。

3人組の浮き球パス

(進め方)

3人組で行なう。中央の選手がパスを出し、パスを受ける選手はワンタッチで、中央の選手の頭をギリギリ超えるくらいの浮き球で反対側の選手へパスをして、そのまま前方へ走る。浮き球のパスを受ける選手はワンタッチで走ってきた選手とパス交換をして、反対側へ浮き球のパスをする。3人でローテーションしながら繰り返す。

▶ **このメニューの動き方**

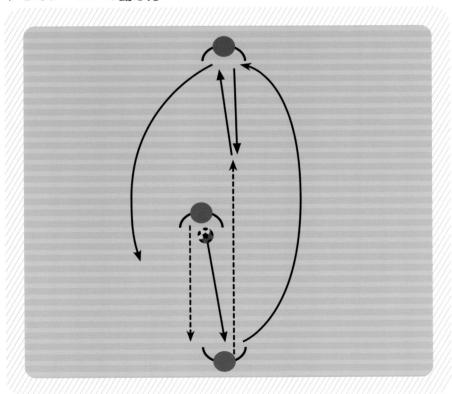

Point 試合の中では、相手や味方がいることでグラウンダーのパスが通らない場面は たくさんある。立体的に周りの状況を見て、パスを出すイメージを持って行な う。シンプルで遊び要素のある練習なので、練習の最初や、ウォーミングなどに 取り入れてみても良い。

4人組のスクエアパス

(進め方)

4人組で行なう。5〜6m四方のグリッドをつくり、それぞれの辺に選手が立つ。辺の上を自由に動きながらパスを回す。

▶このメニューの動き方

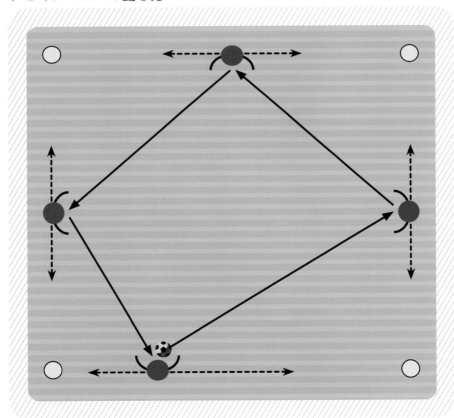

Point マーカーのある位置ではなく、「辺」に立つことがこの練習のポイント。なぜなら、辺のどこでパスを受けるかによって、求められるパススピードやタイミングが変わってくる。コントロールをしてからパスをするのか、ワンタッチでパスをするのか、受け手と出し手の意図を確認しながら取り組んでみよう。

▲スタート位置は辺の中央。ここから辺の上を動きながらパスを回していく

▲辺の手前側(出し手の近く)でパスを受けるのであれば、出し手との距離が近くなるのでスピードが遅いパスを要求する

▲辺の奥(出し手から遠い)でパスを受けるのであれば、スピードが速いパスを要求する

NG✕

機械的に、同じ場所に立ったままただ流れるようなパス回しをするのはNG。試合を想定した練習にはならない。

Point 「メニュー2 トライアングルパス」(P16)で紹介したような、外側で回したり、内側に切り返して回したり、さまざまな方法でやってみよう。

3人組のスクエアパス

進め方

メニュー4と同じグリッドで、今度は3人組でパスを回す。4人組のとき
と異なる点として、一辺が必ず空いている。そのため、ボールを動かし
ながら、スペースでパスを受けることを意識して行なう。

▶このメニューの動き方

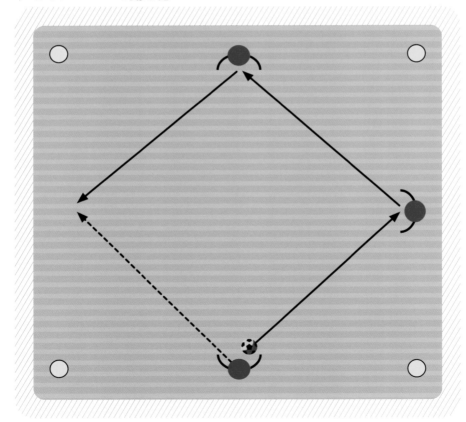

Point 空いている一辺を有効に使い、動きながらパスを回す。スペース（選手のいないところ）に「ボールを置く」イメージで、パススピードも調整する。スペースに入るタイミングも大切。

NG×

辺に立っている選手にパスを出すだけになる（スペースを使わない）。出してはいけないわけではなく、一度落として再び受けるなど、次のプレーの意図があれば良い。

辺に立っている選手にパスを出すだけにならないように

NG×

スペースで
パスを受ける

6対3のパス回し

進め方

正方形のグリッドの各辺に一人ずつ立ち、グリッド内にオフェンス2人、ディフェンス3人が入ってパス回しを行なう。オフェンス側は、グリッド内の味方を積極的に使ってパスを回していく。

▶このメニューの動き方

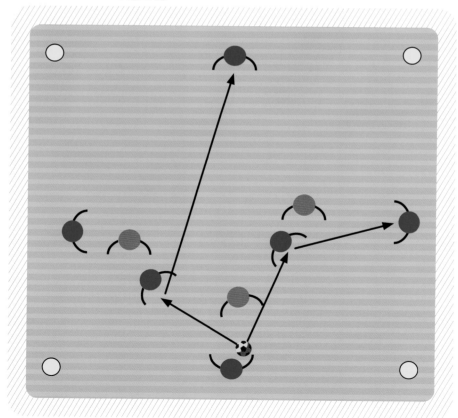

Point グリッド内のオフェンスは数的不利な状態であるため、ディフェンスの間に立ってパスを受けて展開する。タッチ数の制限は設けないので、次のプレーをするためにどこにボールをコントロールするかを考える。試合における中盤の選手が、相手に囲まれやすいピッチ中央などでのプレーを想定した練習である。

Point このメニューは1～5で意識した要素を複合的に取り入れた練習。それぞれのメニューで解説したポイントを生かしたい。例えば、メニュー3で行なったように、グリッドの辺に立つ選手が反対側の選手に向かって浮き球のパスをするのも良い。

発展形として、グリッド内の選手は2タッチ以下、あるいはグリッドの辺に立つ選手は2タッチ以下などで行なう。タッチ数に制限を設けられるなどで、どのような変化が生まれるのか、考えながらプレーしてほしい。

5対3のパス回し

進め方

メニュー6からグリッド内のオフェンスを1人減らして、5対3でパス回しを行なうパターン。人数が減ることで難易度が高そうに見えるが、オフェンス、ディフェンスともにやることがシンプルになるので、こちらのほうが初心者にとってはやりやすい。

▶ **このメニューの動き方**

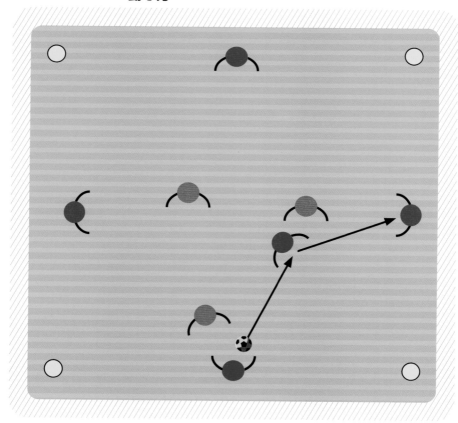

PART 2 ドリブル DRIBBLE

パス＆コントロールと並んで、
サッカーの基本技術で大切なド
リブル。ここでも意識してほし
いのは、「試合の中でどう生かす
か」。コーンを使ったドリル系の
メニューも紹介しますが、形だけ
の練習にならないように意識し
て実践してみましょう。

ドリブル DRIBBLE

試合においては、ピッチ内のどこでも、どのポジションの選手であっても ドリブルは必要なテクニックである。シチュエーションによって必要とされるドリブルの種類は異なるが、共通して鉄則だと言えることは、「相手に向かう角度」「どちらの足で持ち出すか」「相手との間合い」、そし

鉄則 1 相手に向かう角度は「斜め」

サイドでボールを持って相手と対峙する場面が試合では多い。その際に、基本的にはゴール方向へ向かう、すなわち「斜め」にボールを運んで相手に向かっていきたい。中に切り込めば突破してシュート、縦に突破すればゴールにつながるパスと、次のプレーの選択肢が広がり、ディフェンスにとって脅威となるからである。

あえて外側にドリブルして、相手を食いつかせてスペースを使うこともある。

斜めに方向にドリブルすることで中にも縦にもいくことができる

鉄則 2 どちらの足で持ち出すか

鉄則1とも関連するが、例えば右サイドでボールを持つ場合、状況にもよるが、左足（いわゆる逆足）でボールを運ぶようにしたい。それにより縦と中の2つの選択肢をディフェンスに見せることができる。右図のように右足でボールを持つと、体は縦方向に向きがちで、縦には運びやすいが中へ切り込むことは難しい。選

択肢が限られるので、ディフェンスとしては対処しやすい。ただし、時に右足でボールを持つことも必要である。

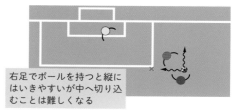

右足でボールを持つと縦にはいきやすいが中へ切り込むことは難しくなる

ドリブルの絶対鉄則

て「相手を見てタイミングを計ること」である。特にサイドでのドリブルではこれらの要素を意識してほしい。サッカーの目的は、ゴールを奪うことにある。そのために必要なドリブルのテクニックを段階的に高めていこう。

鉄則 3 「自分の間合い」を覚える

ドリブルをする際に、体格や身体能力には個人差があり、感覚の違いもあるため、相手との間合いのとり方は人それぞれ。スピードがある選手は間合いが広いほうがディフェンスを抜き去りやすいだろうし、体が小さくて細かいテクニックに優れる選手は、間合いが近くても相手をかわしやすいと感じるだろう。

コーンを使ったドリル形式の練習だけではこの間合いや、相手を抜くタイミングの感覚を身につけるのはとても難しく、試合において、相手が置いてあるコーンのようにまったく動かないことはありえない。実践的な練習とするためには、サッカーをはじめたばかりの人が行なう簡単なドリブルの練習であっても、基本的にはディフェンス役の選手を相手にして練習してほしい。

グリッド内で自由にドリブル

進め方

10m四方程度のグリッド内に8〜10人の選手がボールを持って入り、ぶつからないように自由にドリブルをする。広さや人数は、チームの所属人数や、狙い（ウォーミングアップで行なうのか、心拍数を上げるために行なうかなど）によって調整する。

▶このメニューの動き方

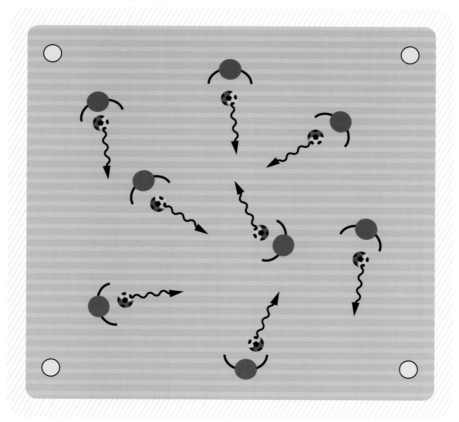

Point 「ぶつからないように」ドリブルをすることがこの練習のやり方ではあるが、誰もいないところで安全にドリブルしているだけでは技術向上にはならない。相手をかわしにいくイメージで、人に向かってドリブルをしてみよう。ヘッドアップして周りを「見る」ことが大切。一定のスピードではなく、変化をつけながらドリブルしよう。

NG×

足元を見るようにヘッドダウンしてドリブルすると、周囲の状況が見えなくなってしまう。

さまざまなボールタッチを使ってボールフィーリングの感覚を養おう。タッチを限定して実施してもいい。
1.右足のみ　2.左足のみ　3.インサイドのみ
4.アウトサイドのみ　など

ギアアップドリブル

進め方

図のように、マーカーを短い間隔で5〜6個と、そこから5m先に1枚置く。短い間隔のマーカーの間を縫うようにゆっくりとドリブルしたあと、最後のマーカーへはスピードを上げてドリブルする。

▶ **このメニューの動き方**

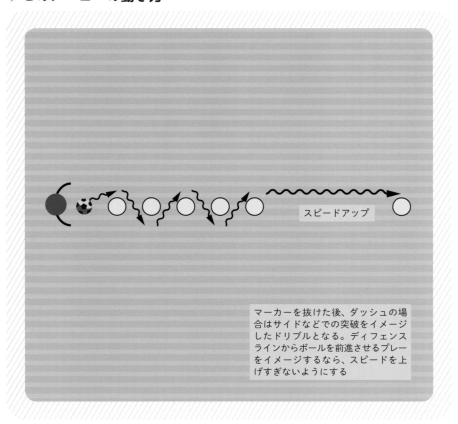

スピードアップ

マーカーを抜けた後、ダッシュの場合はサイドなどでの突破をイメージしたドリブルとなる。ディフェンスラインからボールを前進させるプレーをイメージするなら、スピードを上げすぎないようにする

Point ゆっくりのドリブルからスピードアップしたドリブルへ「ギアチェンジ」する練習。実際の試合において、同じスピードのままドリブルをし続けることは、よほど広大なスペースがない限りはない。密集の中をドリブルで抜けて、スペースを見つけたら一気に加速して抜け出すイメージでやってみよう。

図では等間隔にマーカーを置いているが、間隔をまばらにしたり、ジグザグに置いたりすると、実戦に近づけた練習になる。

クイズに答えながらドリブル

進め方

コーチからのパスを受けてから、選手は図のように置かれた4つのコーンに向かってドリブルをする。コーンのところでは、ターンしても、コーンを回ってもいい。3つ目と4つ目のコーンの間をドリブルしているときに、前方にいるコーチが手を上げて指で数字を示す（または簡単な計算問題などを出題する）。選手はドリブルをしながら、示された数字を（出題された問題の答えを）回答する。

▶ **このメニューの動き方**

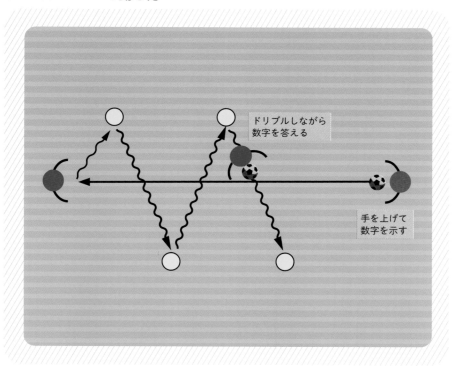

ドリブルしながら
数字を答える

手を上げて
数字を示す

「頭の体操」をしながらドリブルする練習。試合中はプレーをしながら考えることが多いため、計算問題に回答させるのはそれに慣れるため。コーチが指で示す数字を見て答える場合は、必然的に顔が上がり、ボールは間接視野でとらえてドリブルをするようになるので、特に中学1年生などの初心者には効果的。

見ているようで、案外見ていない

「周りを見ろ」と指導者が選手たちに言う場面は非常に多く、選手たちも見ようとはしている。ただ実際には、顔は上がっているものの、漠然と景色を眺めているだけになってしまうことも多い。試合においては対象物、すなわち相手や味方がどこで何をしているかを、より具体的に把握できるようにしたい。試合やトレーニングの中で指導者は、「あそこを見ろ」と言うよりは、「何が見えていた？」と問いかけてみるのがいい。その際、「○○を見た」というよりは、「○○が○○をしているのを見た」というように、選手が見ていたものをなるべく具体的にしていきたい。

緩急をつけたスクエアドリブル

進め方

縦20m、横20mを目途にグリッドをつくり、4人の選手がボールを持ってグリッドの角からドリブルをする。横のときは顔を上げてゆっくりのドリブル、縦のときはダッシュでドリブルする。

▶このメニューの動き方

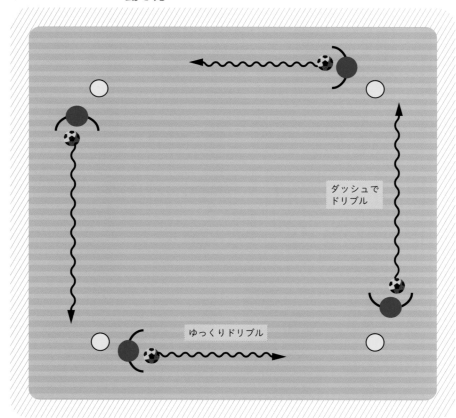

緩急をつけたドリブルをする練習。試合のシチュエーションやポジションに
よって必要になるドリブルは変わってくるので、それを意識して行なう。例え
ば短い辺でのゆっくりのドリブルは、中盤やディフェンスラインで状況を確認
しながら行なうドリブル、縦のスピード感あるドリブルは、サイドでの突破の
ドリブル。また、突破のドリブルであっても、サイドの広大なスペースでのドリ
ブルと、GKとの１対１が近づくFWのドリブルでも違いがある。自分のポジ
ションに合わせたドリブルを意識できるとなお良い。

【中盤やDFラインのドリブル】　【突破のドリブル】

▲短い辺のドリブルでは息を整えて、縦のスプリントで100パーセントを発揮できるように、メリ
ハリをつけてドリブルする

グリッド内に攻守同数が入るドリブル

進め方

グリッド内に、ボールを持ったオフェンスの選手3人と、ディフェンスの選手3人が入る。オフェンスはドリブルを仕掛けてディフェンスの選手を抜きにかかる。ディフェンスは、ボールを奪わなくていいが、ドリブルのコースに立って防ぐようにする。攻守ともに人数を増やしてもいい。その場合はグリッドを少し広げる。

▶ このメニューの動き方

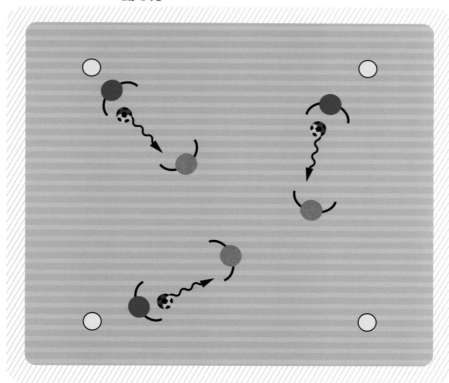

Point メニュー1～4まではマーカーやコーンを使ったトレーニングだったが、ここではいよいよ、ディフェンスの選手に対してドリブルを仕掛けていく。練習の狙いはドリブルの基本技術の向上であるため、ディフェンスとして入る選手は、積極的にボールを奪いにいかなくていい。ただしレベルに応じて、ある程度、左右のどちらかをわかりやすく切るように守り、オフェンスはその逆を突くような練習にしたい。

ディフェンスの人数を増やすのもOK

3対3を基本として、攻守の人数を同数で行なうのをベーシックとしているが、レベルアップのアレンジとして、守備側の人数を増やしてもいい。実際の試合の中では攻守の人数が同数よりはディフェンスの人数が多い場面のほうが多いため、実戦に近い練習にすることができる。

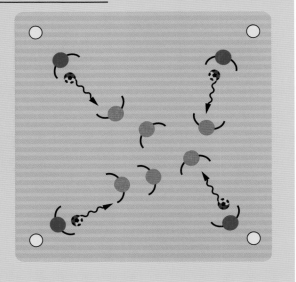

2人目のディフェンスも見て突破する

中学生年代の選手、特にサイドアタッカーのポジションの選手は、目の前のディフェンスに1対1の勝負を仕掛けて、抜き去ることを得意とする選手は多くいる。とはいえ、実際の試合においてはカバーリングに入る2人目のディフェンスがいることのほうが多く、1人を抜いても、そこでストップされてしまう場面はよくある光景である。

目の前の相手に対峙しながらも、その2人目のディフェンスの動きも見てドリブルを仕掛けて突破するのか、あるいはそこでパスを選択するのか、状況を認知して判断してプレーできるように

していってほしい。前ページで解説したようにアレンジを加えると、1対2のシチュエーションを再現しやすい。

試合においては、ただやみくもにドリブルを仕掛ければいいというものでもない。サイドでの突破を例にとれば、1人で相手2人を抜き去るのと、味方のサポートを使って相手2人を置き去りにするのとでは結果的に同じことである。ドリブルをしながらも、常にパスの選択肢を持てるようにすることが理想である。そうした状況判断ができることも含めて、「ドリブルがうまい選手」と言えるだろう。

PART 3 ヘディング HEADING

高校生やそれ以上の年代になっても、苦手だと言う選手が多いのがヘディング。ですが、ヘディングはパスやドリブルと同じく、練習すればするほど上達するものであり、大切な技術の一つ。まだ体ができあがっていない中学生の間は、しっかりと当てて狙い通りのところにヘディングができるように練習を重ねていきましょう。

ヘディング HEADING

ヘディングの技術が上達するうえで大切なのは、まずは額にボールを正確に当てる感覚を身につけること。そのためには、ボールを怖がらずに、ギリギリまで見るようにしたい。立った状態とジャンプした状態で正確にヘディングができるように基本的な練習を積み重ねてほしい。それに

鉄則 **1** ギリギリまでボールを見て正確に当てる

　ヘディングにおいてもっとも基本となるのは、立った状態で行なうスタンディングヘッド。特に中学生でサッカーをはじめてまだ日が浅い場合は、強くヘディングすることはあまり意識しなくていい。なぜなら、強いヘディングをするために必要な筋力は今後成長していくなかで自然と身についていくものであるから。現段階では、ギリギリまでボールを見て、額で正確にボールをとらえることを意識して練習しよう。

　強くヘディングをしようとして、首を大きく振ってしまうのはNGだ。特にクロスボールなどに対して合わせてヘディングでシュートする場合、首を強く振らなくても、蹴られたボールがある程度強ければ、正確に当てて、ゴールの方向へコースを変えるだけでも十分なシュートを打つことができる。

ヘディングの絶対鉄則

加えて、手を広げて、自分のプレーエリアを確保することも自分を守るためには必要である。そこから先はこれまでの章と同じく、なるべく実戦に近いシチュエーションの中で練習をして、試合の中で生きるヘディングを身につけよう。

鉄則 2 「生きたボール」で練習する

これまでの章やメニューと共通することではあるが、ドリル系のメニューである程度の基本的な技術を身につけたら、なるべく実戦に近いシチュエーションで練習することが、ヘディングにおいても大切である。

ヘディングにおける実戦のシチュエーションとは、ボールの質。下手投げで投げられた、ふんわりとしたボールでヘディングの練習をしがちであり、もちろん最初はこれでもいいが、サッカーの試合でそのような球質のボールが飛んでく

ることは多くない。手で投げるにしても、スローインから放たれる強さのボールで練習をしたほうがいい。また、クロスボールに対してDFが跳ね返すヘディングであれば、基本的には足から蹴られたボールで、相手のディフェンスラインからのロングボールを跳ね返すヘディングであれば、例えばGKのパントキックやゴールキック、FKで蹴られたボールなど、「生きたボール」で練習することが、実戦で使えるヘディング技術向上の近道である。

3人組でのヘディング

進め方

ヘディングをする選手、相手役の選手、配球する選手の3人で行なう。ヘディングをする選手は、相手役の後ろからスタート。相手役の前に配球されたボールを、後ろから回り込んでヘディングで返す。回り込む方向を変えながら、何回か繰り返す。また2パターン目として、同じスタート位置から、後方に配球されるボールに対してジャンピングヘッドで返す。

1 パターン①相手の前でヘディングする

Point 写真では下手投げで配球しているが、絶対鉄則のところでも解説したとおり、なるべく「生きたボール」で練習するためにスローインで配球してもいい。

3人組でのヘディング

2 パターン②相手の後ろでヘディングする

3

Point

前へヘディングで返すた
めには、数歩後ろに下がっ
てスペースを確保し、少
し前へジャンプする必要
がある。下がる際に、手を
使って、相手が下がってこ
ないようにそのスペース
を確保する。相手を押して
しまうとファウルになる
ので注意。

6

バウンドボールにジャンプで合わせる

進め方

　2人組で、片方がボールを手に持ち、距離を置いて離れる。片方が地面にボールを叩きつけるようにして配球する。もう一人はボールの落下地点を見極めてジャンピングヘッドで跳ね返す。

Point ボールの落下地点を見極めて、自分の最高到達点でヘディングをする感覚を
つかむ練習。全速力で走ってヘディングをすることが大切。ボールの軌道を
見極めるのが苦手な選手がいる場合は、野球のボールでキャッチボールをす
るなどして感覚をつかませてみてもいい。

ロングボールを跳ね返す

進め方

GKがパントキックで蹴ったボール、あるいはプレースキックで蹴った
ロングボールに対して、落下地点を見極めて走り込んで大きく跳ね返す。

▶ このメニューの動き方

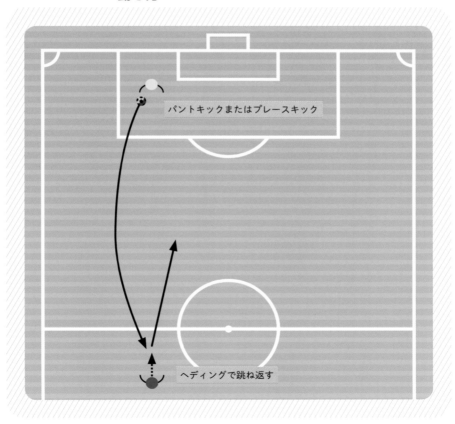

パントキックまたはプレースキック

ヘディングで跳ね返す

Point 相手がいないこと以外は、実戦を同じ状況で
ヘディングをする練習。試合の中では、さま
ざまな球種のボールを跳ね返すことになる。
きれいなバックスピンがかかった、ふわりと
した軌道のボールもあれば、スライスするよ
うな回転がかかったボール、低いライナー性
のボールの場合もある。ロングキックの練習
にもなるため、GKだけではなく、DFの選
手が配球をするのもあり。

クロスボールを跳ね返す

進め方

サイドから蹴られたクロス
ボールを、ヘディングで跳
ね返す。両サイドから行な
う。ストレートのボールや
インスイング、アウトスイ
ングのボールなど、さまざ
まな球種で行なう。

Point

クリアのヘディングは、高く、遠く
に飛ばすことが大切。遠くに飛ばせ
ばゴールから遠ざけることができ、
高く飛ばせば、距離が出なくても滞
空時間があるぶん、次のプレーの準
備を整えることができる。

▶ **このメニューの動き方**

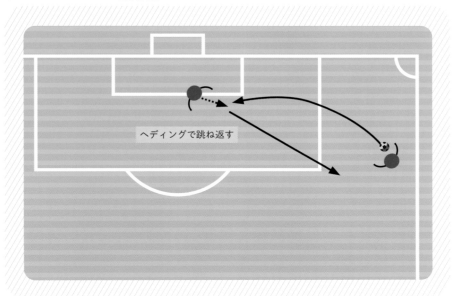

ヘディングで跳ね返す

Point

基本的には、クロスボールがきた方向にヘディングで跳ね返す。そのまま
タッチラインを割るくらい大きくクリアする、あるいは斜め前方へクリアし
てゴールからより遠い位置へ跳ね返すのが理想ではあるが、たとえクロスを
蹴った選手のところにボールが戻っても、同じように守備を繰り返すだけな
のでダメージは少ない。

一番避けたいのは、中央のエリア（バイタルエリア）へ跳ね返すこと。試合に
おいては、味方がそのエリアにいる可能性もあるが、相手に拾われる可能性
も高く、そのままワンタッチでシュートを打たれてしまう可能性がある。

逆サイドへすらすようにクリアするのも一つの選択肢ではあるが、その場合
は、クリアした先に相手がきていない（味方がいる）と、確実に状況が見えて
いるときに限られる。そこで相手にボールを拾われてしまうと、DFの対応
が追いつかずにピンチとなる可能性が高い。

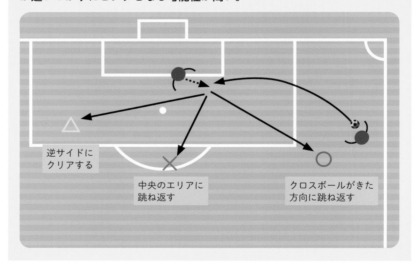

逆サイドに
クリアする

中央のエリアに
跳ね返す

クロスボールがきた
方向に跳ね返す

ヘディングシュート

進め方

ゴールエリアの外側あたりに配球役が手でボールを持つ。ヘディングシュートを打つ人はペナルティエリアのラインあたりで準備する。配球役がゴール中央へ上手投げでクロスを上げ、そのボールに合わせて走り込み、ヘディングシュートを打つ。両サイドから交互に行なう。

Point

クロスボールの質にもよるが、基本的にはしっかりと額に当てるだけで、ゴールに入るには十分な強さのヘディングシュートを放つことができる。体を使って強くヘディングシュートを打つというよりは、ボールが飛ぶ角度を変えてゴールに流し込むイメージ。

NG×

首を振ってヘディングする

育成年代でのヘディング習得のための
ガイドライン

　日本サッカー協会（JFA）より、幼児期からU-15（中学生）年代にかけてのヘディングに関わるリスクを避けるために、2021年4月にヘディング習得のガイドラインが発表された。ヘディングを「禁止」するのではなく、「正しく恐れ」、より適切な方法によるヘディングの習得を目指している。

　このガイドラインは、幼児期、小学校1〜2年、3〜4年、5〜6年、中学生の5段階に分け、国際サッカー連盟（FIFA）、欧州サッカー連盟（UEFA）の基準を参考に策定されており、「子どもの安全を守るために、全ての指導者がこのガイドラインを理解し、指導することが大切である」とされている。中学生年代の指針としては、「軽量ボールや4号球を使って正しいヘディング技術習得ための反復を頭部への負荷を考慮して実施する。相手との正当な競り合いができるようなトレーニングも積極的に導入する。体幹の安定、首回りの強化といった基礎体力強化も導入する」と記されている。

　この章では5つのヘディングの練習を紹介させていただいたが、特に後半の3メニューは、基本的なヘディングが身についた選手たちを対象と想定して、より実戦で生かすためのメニューとして紹介している。まだ体ができあがっていない年齢、特に中学1年生であれば、5号球ではなく4号球、あるいは3号球を練習に取り入れるなど、頭部への負荷を考慮して取り組んでみてほしい。

PART 4 シュート SHOOT

サッカーの一番の醍醐味と言えるのが、シュートを打ってゴールを決めること。どのポジションの選手であっても、常にゴールは狙っているものでしょう。この章では、さまざまなシチュエーションから、ゴールを生み出すための練習メニューを紹介していきます。

シュート SHOOT

ゴールを決めるために大切なポイントは数多くある。狙ったところに狙った強さで、狙った球質で蹴れるようになることが大前提にあるが、意識してほしいのは「タイミング」。ゴール前には必ずGKがいるので、相手

鉄則 **1** GKのタイミングをずらす

クロスボールに合わせてワンタッチでシュートを打つ場面は試合の中で多くあるだろう。ゴールになりやすいシュートではあるが、実はGKにとっては、シュートを打つタイミングがわかりやすいぶん、対応しやすい場面でもある。

ゴールに決まるシュートを打つうえで大切にしたいことの一つはタイミング。

コースが甘かったり、シュートがある程度弱かったりしても、GKが反応するタイミングをずらすことができれば、ゴールになることはよくある。もちろん、そのためにはGKのポジションや構えている状況、あるいは周囲のDFの状況を見て判断し、決断することも大切になってくる。

シュートの絶対鉄則

のタイミングでシュートに反応させないように打つと入りやすい。逆に、どれだけ良いコース（ゴールの隅など）に蹴っても、GKとタイミングが合ってしまえば防がれてしまう可能性がある。

鉄則 2 ファーサイドにシュートを打つ

自分がシュートを決めて勝利に貢献することを誰もが意識しているだろうが、サッカーはチームプレーであり、最終的には誰がゴールを決めてもいいという前提がある。

シュートを打つシチュエーションはさまざまあるが、ゴール前の中央は相手が守備を固めていることもあり、左右どちらかのサイドから打つことが多い。その際、基本的にはファーサイド（遠いほう）

を狙うようにしたい。ニアサイドに打つと、GKに防がれた際に、自分のところに跳ね返ってくるか、コーナーキックになる。ファーサイドに打つと、GKに弾かれても、その跳ね返りがゴール前にこぼれる可能性が高い。チームの中の決め事として、誰かがシュートを打った際には必ずファーサイドに味方が詰めるようにしておけば、こぼれ球がゴールにつながる可能性は高まるはずだ。

ポストシュート

進め方

ペナルティーエリアのやや外側にシュートを打つ選手（A）、ペナルティーエリア内にポスト役の選手（B）、ディフェンス役の選手、GKが準備する。AはBにパスを出したあと、左右どちらかに走り込み、リターンを受けてボールをコントロールして（あるいはワンタッチで）シュートを打つ。

ポスト役は、背中をゴールに向けないように、ゴールに対して半身でパスを受ける

Point シュートの感覚をつかむための基本的でシンプルな練習だが、機械的にこなすだけにならないように。パス＆コントロールの章でも解説したように、ファーストタッチでシュートを打ちやすいところにボールを置くことが大切。試合ではすぐにディフェンスが詰めてくるため余裕を持ってシュートを打てる時間はないので、コントロールからシュートまでの時間をなるべく短くしよう。それと同時に、どこへ、どの種類のキック（インステップで、インフロントで、インサイド）で、どんな質のボールを蹴るのかを考えながらプレーすること。「良いイメージをつくる」ことを意識して練習したい。

3ゾーンでターンからシュート

進め方

シュートを打つ選手（A）とパスを出す選手（B）が縦に向かい合って並ぶ。
AとBがパス交換をしたあと、Aは角度をつけるように動きながら体を
反転させてパスを受けて、コントロールしてからシュートを打つ。左右
と中央の3ヶ所に同様に選手を配置して、順番に行なう。

▶ このメニューの動き方

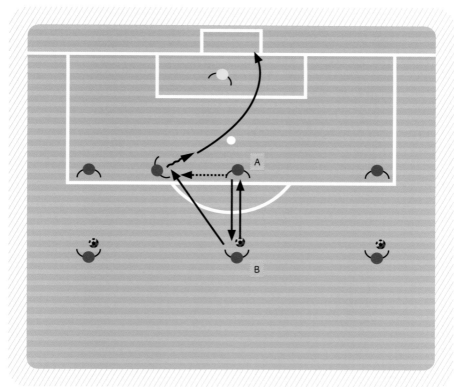

Point　これもメニュー１と同様に、パスを受けてからシュートを打つまでのイメージをつくるための練習。シュートを打つ選手は、DFを背負っている状態から、味方を使いながらターンしてシュートまでもっていく。何度も打ち込んで、自分の得意な形をつくりたい。できればワンパターンではなく、ターンの方向を変えたり、ダブルタッチでボールを持ち替えたりと、さまざまな方法を試しておく。GKのポジションや重心によって、キックの種類やコースを変えていくことが大切。

3人目の突破からシュート

進め方

図のように、Aがボールを持ってスタート。DFを背負うポスト役の選手（B）はフェイクの動きを入れてからAからのパスを受けて、3人目として走り込んでくるCにワンタッチでパスを出す。Cはコントロールしてからシュートを打つ。Aは、シュートのこぼれ球を狙ってゴール前に走り込む。

▶このメニューの動き方

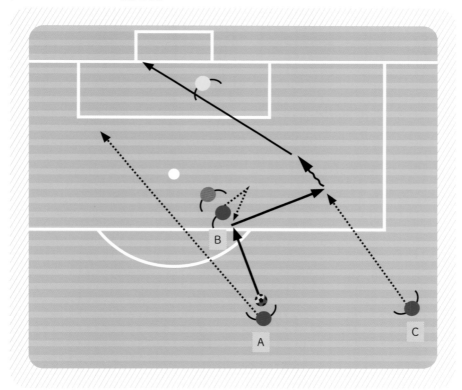

Point 「3人目」の動きがこの練習のポイント。詳細は次のページで解説するが、Aからへボールが動いている間にCがパスを受けに走ることで、「3人目」となる。タイミングを合わせて走り込むと同時に、オフサイド（この練習ではDF役の選手の位置がオフサイドライン）にならないように注意する。

3人目の突破からシュート

「3人目」の動きとは？

　相手の守備を崩すための効果的な動きであり、コンビネーションプレーの基本となるのが「3人目の動き」である。パスの出し手を1人目、受け手を2人目としたとき、その時点でボールに関わっていない選手（オフ・ザ・ボールの選手）が「3人目」となる。

　前ページの練習で紹介したように動きのポイントなるのは、1人目（A）から2人目（B）へのパスが動いている間に、3人目（C）が動き出すこと。その理由は、ディフェンスの習性として基本的にボールの動きを追っているため、AとBの動きに注目しているからだ。その際に、Cの動きは視野に入りにくく、対応は遅れることになる。

　同じようにAからBを経由してCへパスがわたるシチュエーションでも、BにわたってボールをコントロールしてからCが動き出してパスを受ける場合、今度はBが1人目、Cが2人目となり、ディフェンスはBとCの動きを見ればよくなる。つまりこれでは、「3人目の動き」にはならない。

○3人目の動き

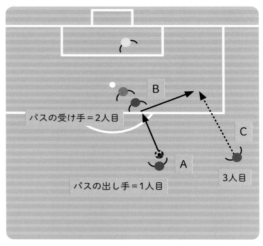

パスの受け手＝2人目

パスの出し手＝1人目

B

C

A

3人目

×3人目の動きにならない

ディフェンスはBとCの動きを見ればいいので対応できる

B

C

A

Bにパスがわたってから動き出す

試合のなかで、3人目の動きによって相手の守備を崩す例を紹介する。例えばディフェンスラインでビルドアップしていてセンターバックが相手のプレスを受けてボールを持っている際に、サポートに入ったボランチや降りてくるFWに当ててからサイドバックに展開することで、相手のファーストラインを突破することができる。また、FWがボールをキープしているところから、サポートに入った中盤の選手に落として相手の守備の視線を集め、その隙に相手の最終ラインを抜け出すサイドハーフの選手へパスを通すことでサイドを突破することができる。

これらは3人目の選手だけが意識すればいいわけではない。ボールを持っている選手も、オフ・ザ・ボールの選手、さらにその先のオフ・ザ・ボールの選手の動きまで意識してプレーできると良い。

このように3人目の動きは、ピッチ内のあらゆる場面で有効な動きとなるので、ポジションに関わらず身につけておきたい。

相手守備のファーストラインを突破する

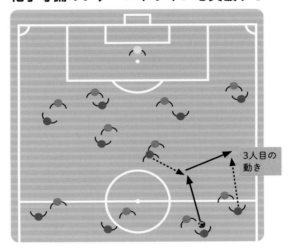

相手守備の最終ラインを突破する

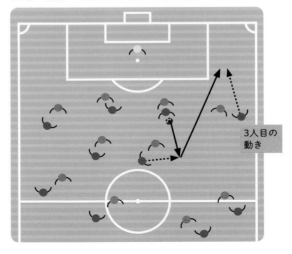

1対1の駆け引きからシュート

進め方

オフェンスとディフェンスが1人ずつゴール前に入り、配球役がペナルティーエリアの外でボールを持つ。オフェンスの選手が動き出してパスを受けて、シュートを打つ。パスを受けてから、時間を決めて（例えば5秒以内に）素早くシュートまでもっていくことを目指す。

Point

ここからは、ディフェンスをつけたトレーニング。シュートを打つためには、良い状況でボールを受ける必要がある。ただ立って待っているだけでは、ディフェンスもインターセプトをつねに狙っているので、パスを受けることができない。自らの動きでディフェンスを動かし、受けるスペースをつくってパスを引き出す。そして、素早くシュートまでもっていこう。時間をかけると、相手が戻ってきてしまう（プレスバック）。

1対1の駆け引きからシュート

パスを引き出す動きの例

【ニアに動いてから離れる】

前ページのように、ファーに動いてからニアで受けるのもあり。動きをパターン化するのではなく、ディフェンスの動きを見て臨機応変に変化をつけられると良い。

【相手の力を利用してターン】

2対2の駆け引きからシュート

進め方

メニュー4と同じルールで、2対2を行なう。時間がかかりすぎないように、この練習でも決めた時間内にシュートまでもっていくことを目指す。

Point

2対2となり味方と敵が増えるため、見なければいけないものが増える。オフェンスの狙いとしては、写真のようにディフェンスを寄せるように動いてスペースをつくること。4枚目の状況のように、2対2の状況から、一時的にオフェンスの選手の一人がフリーになる数的優位（2対1）の状況をつくり出せるとチャンスになりやすい。

アーリークロスからシュート

進め方

図のように、サイドにオフェンス2人とディフェンス1人を配置。ゴール前には、クロスボールに合わせるオフェンス2人とGKを配置する。サイドでボールを受けた選手は、目の前のディフェンスの足先を巻くようにアーリークロスを入れて、ゴール前の選手はクロスに合わせてシュートを打つ。両サイドから行なう。

▶このメニューの動き方

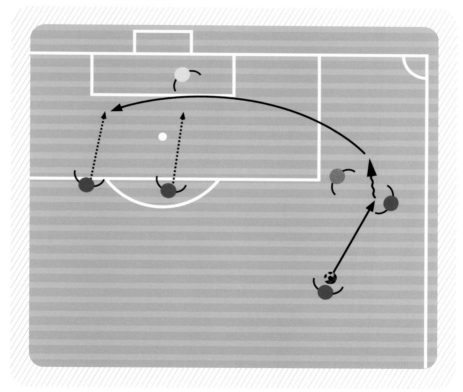

Point アーリークロスは、浅い位置からGKとディフェンスラインの間に向かって蹴るクロスボールである。そこにボールを入れることで、ディフェンスは下がりながらの難しい対応になる。低くてスピードあるボールでも有効なため、高さのあるFWがいなくてもゴールに結びつきやすい。ただし、オフサイドになりやすい攻撃なので、FWは相手DFの動きも見ながらタイミングを合わせてゴール前に飛び込もう。

オーバーラップしてクロスからシュート

進め方

配置はメニュー6と同様。最初にパスを出した選手が、サイドでボールを受けた選手の後ろをオーバーラップする。ボールを受けた選手は中央に少しボールを運んでDFを動かし、オーバーラップする選手にパス、そこからクロスを入れる。

▶ このメニューの動き方

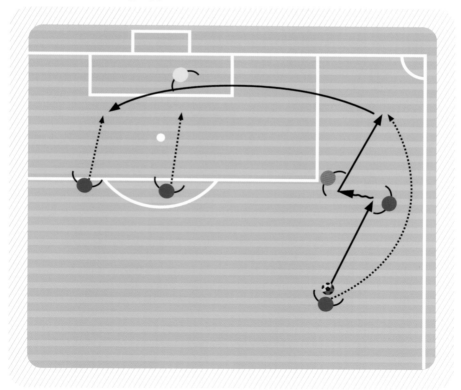

Point サイドでボールを受けた選手は、足元にボールを止めるのではなく、内側へボールを運ぶことが大切。対峙するDFは中央へのクロスを警戒してついてくるので、味方がオーバーラップするスペースを確保しやすく、パスを出したあとも相手はその選手への対応は遅れる。また、中央にボールを運ぶ際は、右利きの選手であっても左足（左サイドであれば右足）でボールを持つことで、中央へのクロスやパス（あるいはシュート）もオーバーラップする選手へのパスも出せるので、DFに複数の選択肢を見せられる。

オーバーラップしてクロスからシュート

DFの立ち位置を見てアーリークロスor味方を使う判断を

メニュー6と7は同じシチュエーションだが、基本的には、シンプルにクロスを上げられるアーリークロスのパターンを優先順位高くプレーしたい。最初はオーバーラップとどちらかを決めたうえでパターン練習として実施してもいいが、慣れてきたら、パターンを決めずに状況を見て判断してプレーを選択するようにしたい。その際には、対峙するDFの位置をしっかりと見ること。中央への持ち出しを警戒して中を切るような立ち位置をとっていればアーリークロスを、クロスを警戒した立ち位置

をとっていれば、オーバーラップする味方を使う。

また、この2つのパターンに限らず、実戦を意識して、下図のようにシンプルに左足でゴール方向に向かうクロスを上げたり、中央の味方を使った3人目の動き（あるいはシンプルなワンツー）でサイドを突破したり、ポケット（ゴールエリアの横のエリア）を狙ってインナーラップ（ボールを持つ選手の内側から追い越す）をする味方を使ってみるのもいい。パターンにとらわれることなく、自由な発想を持ってプレーしたい。

▲中央を警戒した立ち位置ならアーリークロス

▲アーリークロスを警戒した立ち位置ならオーバーラップする味方を使う

ゴールに向かうクロスを入れる

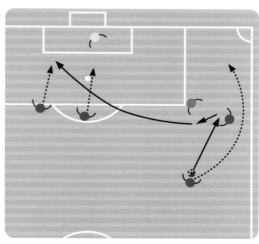

3人目の動きで突破する

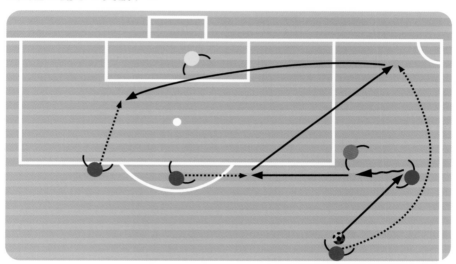

ポケットを狙ったインナーラップ

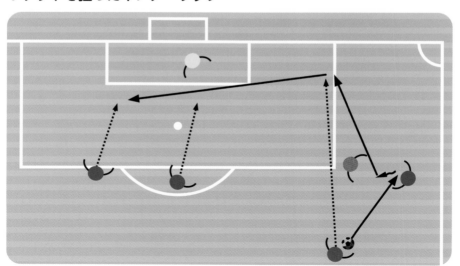

複合シュート

進め方

中央に2人、両サイドに2人ずつ配置する。まず中央で、メニュー2と同じように、パス交換からターンしてコントロール、シュートを打つ。その次に、サイドでのワンツーからクロスボールを上げて、それに合わせてシュートを打つ。この一連の流れを1セットにして、両サイドから交互に行なう。

▶このメニューの動き方

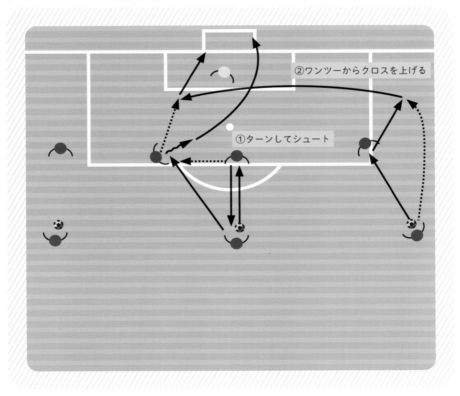

②ワンツーからクロスを上げる

①ターンしてシュート

Point 2つのシュートを連続で行なうパターントレーニング。一連の流れの中で、コントロールからのシュートと、クロスに合わせるシュートを行えるので、プロチームなどでもよくウォーミングアップの仕上げに取り入れているのを見かける。FWに限った話ではないが、一本シュートを打ったら、ゴールに入らない限りはそれでプレーが終わりではない。すぐに次のプレー（ここではクロスに合わせる）に切り替えて、準備する必要がある。

①ターンしてシュート

②ワンツーからクロスを上げる

シュートがうまくなる秘訣は
良いGKの存在とエゴイストであること

　これまで指導者として多くのチームと対戦してたが、シュートが上手な選手がいるチームに共通して言えることは、良いGKがいるということである。普段からシュートが入りにくいシチュエーションの中でプレーしているのだから、「どうやったらシュートが入るか」を常に考えることになる。当然、そうして工夫されたシュートを受けるGKのテクニックも高まっていくであろう。切磋琢磨できる日常の環境が、チームと個人を強くしていく。

　また、「良いシュートを打つ」「ゴールをたくさん決める」ために必要なことは、なるべく多くのシュートを打つことである。打った本数と技術の向上は比例すると言えるかもしれない。ただし、

何も考えずにシュートを打つのではなく、どの足で、どの蹴り方で、どんな質のボールを蹴るのか、いかにタイミングを外すのかを考えながら打つこと。

　後の章でも解説するが、特にFWの選手が練習や試合で多くのシュートを打つためには、エゴイストであるべき。「チームプレーを大切に」と言われがちではあるが、中学生年代の選手たちのキャリアはここで終わりではなく未来へ続いていくので、この年代の指導者としては、個のテクニックを磨いてもらい、高校生のチームへと引き渡すのが役割であると考えている。選手たちにはたくさんシュートを打って、たくさん失敗して、どんどんスキルアップしていってほしい。

PART **5** 対人プレー（守備） DIFFENCE

サッカーはスポーツであり、相手が必ずいるもの。これまではボールを持っているときのプレーを中心に練習メニューを紹介してきましたが、ここでは相手がいる練習を、主に守備に焦点を当てながらポイントを解説していきます。

対人プレー（守備）DIFFENCE

サッカーのピッチ内ではあらゆるところで1対1の攻防が行なわれる。ディフェンス側にとっては、目の前の相手からボールを奪うことも大切なファクターの一つだが、「抜かれない」ことも同様に重要である。1対1

鉄則 1 　足を出すタイミング

　1対1の守備においては、足を出すタイミング、より具体的に言えば「簡単に足を出さない」ことが鉄則である。なぜなら、オフェンス側はドリブルやフェイントによってディフェンスを動かし、時にはあえてボールをディフェンスの前にさらすことで、相手に「奪える」と思わせ、足を出してきたとこの逆を突いて抜き去ることを狙ってくるからである。つまり、相手は罠を仕掛けてくるということだ。

　その罠に引っ掛かり、簡単に足を出し

てしまうDFは抜かれやすい。ただし、抜かれないように足を出さずに我慢し続けてもボールを奪うことはできない。どこかで状況を見極めて、自分の間合いに入ってきたところでボールを奪いにいく力を身につけたい。

　守備で大切なポイントを意識してプレーしつつも、特に中学1年生であれば、チャレンジしてボールを奪いにいき、失敗を重ねながら自分が得意な距離感を覚えていくことも大切である。

対人プレー （守備） の絶対鉄則

の守備においては、「足を出すタイミング」や「足を運ぶ」ことを絶対鉄則として身につけておきたい。そのうえで、PART2ドリブルの章で解説したのと同様に、「この間合いならボールを奪える」という感覚を覚えていこう。

鉄則 2 足をしっかりと細かく運ぶ

　守備が上手になるためには、相手の動きについていけるように、しっかりと足を細かく運ぶことが非常に大切。サッカーでは360度あらゆる方向への動きの転換があるため、自分の体を思い通りに動かせるように、フットワークを向上させるトレーニングを個人練習で取り入れてみるのもいいだろう。

　また、サッカー全般に言えることではあるが、ピッチ内における攻防は常に表裏一体であり、オフェンス側がやりたいことは、ディフェンス側がやられたくないことであり、その逆もしかり。つまり、守備が上手になれば、攻撃が上手になることにもつながる。

　全てのプレーに同じことが言えるわけではないが、DFだから攻撃のことは考えなくていいのではなく、守備で身につけた力を攻撃のプレーに生かしてみるなど、中学生年代ではポジションにとらわれすぎずに、柔軟にプレーして幅を広げることを心掛けたい。

1対1

進め方

図のようにオフェンスとディフェンスの選手が向き合う。ディフェンスからオフェンスへのパスでスタート、反対側のマーカーの間への突破を目指す。

▶このメニューの動き方

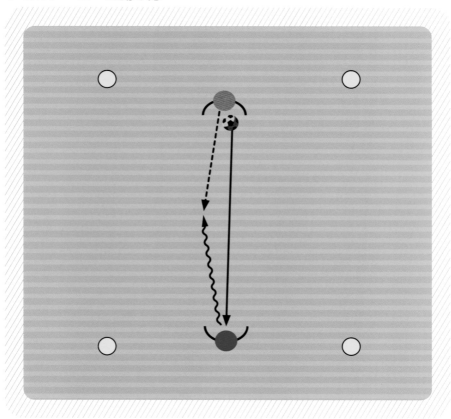

Point シンプルな1対1の練習である。狙いは、オフェンス側のドリブル突破と、ディフェンス側はそれを止めることにある。そのため、時間をかけずに仕掛けていく。オフェンスがディフェンスを背負ってしまう状態にならないようにする(ただし、ボールキープが練習の狙いであればそれもあり)。ディフェンス側はどちらかのサイド(ワンサイド)を切るようにして、オフェンス側の突破のコースを限定してもいい。ゴールから遠ざける(試合ではゴールに向かわせない)ことが大切。

1対1

NG×

距離をとりすぎている

抜かれないようにするために一定の距離を保つことも必要だが、とりすぎると、ずるずると下がってしまい、そのままボールを運ばれてしまう。

NG×

簡単に足を出してしまう

ボールを奪いにいくチャレンジは大切ではあるが、安易に足を出してしまうと、逆をとられ、あっさりかわされてしまう。足を出すタイミングは、「奪える！」と確実に感じたときにしよう。

NG✕

相手に背中を見せてしまう

攻防の中で体の向きが変わっていくが、相手に背中を見せることはしないように。相手とボールから目を切ることになるため、対応が遅れてしまう。

NG✕

後ろ重心になる

体の重心が後ろにかかった構えになると、バランスを崩しやすく、相手の動きに対して俊敏についていくことはできない。前重心を意識して相手と対峙しよう。

2対1

進め方

図のようにオフェンス2人とディフェンス1人を配置する。オフェンスからディフェンスへパス、もう一人のオフェンスへパスしてスタート、反対側のマーカーの間への突破を目指す。

▶ **このメニューの動き方**

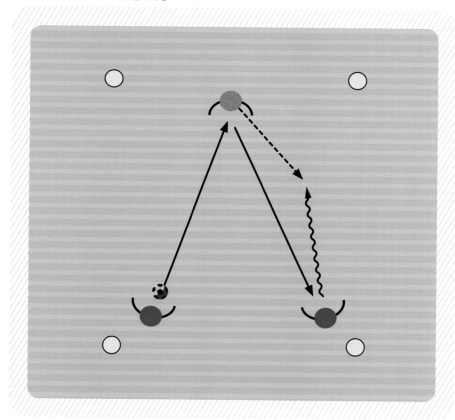

ディフェンス側は数的不利であり、素早く1対2の状況を1対1の状況にしてボールを奪いたい。下の連続写真のように、もう一人へのパスコースを切りながら素早く寄せて、相手が縦への突破を図ったタイミングで相手とボールの間に体を入れて、マイボールにしよう。また、ボールを奪って終わりではないので、奪った後のプレーまで考えてプレーできるとなお良い。

2対1

【突破のパターン】

■スイッチする

ボールを持っていないほうが、仲間の後ろを回って入れ替わるタイミングでパスを受ける。ボールを持っている選手は、渡さずにドリブルで突破する選択肢を見せながら、タイミングを図ってパスしよう。もちろん、DFが仲間の動きに食いついてきたら、そのままドリブル突破を狙う。

■縦のワンツー

非常にオーソドックスな、仲間にいったんパスを預けて、そのまま縦に走り出してリターンを受けるパターン。最初にボールを持っている選手は、DFをなるべく引きつけてからパスを出そう。引きつけずにパスを出すと、DFはパスの先への対応が追いつくことができるので、そこでボールを奪われてしまう。

1対2

（進め方）

図のようにオフェンス1人とディフェンス2人を配置する。ディフェンスからオフェンスへパスしてスタート、反対側のマーカーの間への突破を目指す。

▶ **このメニューの動き方**

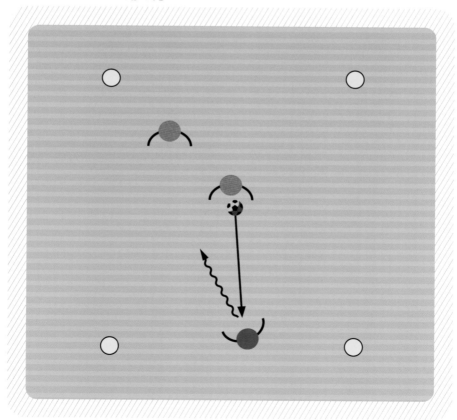

oint

今度はオフェンス側が数的不利のパターン。ただし、ディフェンスが2人いることで、「間（ギャップ）」が生まれるので、そこを狙いやすくはなる。ディフェンス側は、一人が片方のコースを切り、もう一人は、その逆を狙ってきたオフェンスに対応できる位置をとる（チャレンジ＆カバー）。ボールを奪った後のプレーまで考えて練習することが大切。

NG✕
縦に並んで突破されてしまう

NG✕
横並びで間を抜かれてしまう

2対2

（進め方）

図のようにオフェンス2人とディフェンス2人を配置する。ディフェンスからオフェンスへパスしてスタート、反対側のマーカーの間への突破を目指す。

▶ **このメニューの動き方**

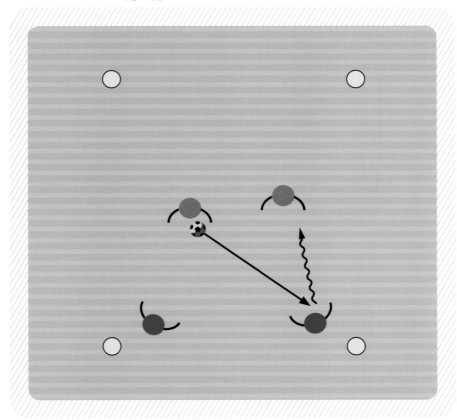

Point ディフェンス側の狙いは、2対2の状況を1対2の状況に変えてボールを奪うことを狙う。一人がパスコースを切りながら寄せて（チャレンジ）、もう一人が縦への突破を阻むことで、この部分を切り取ると1対2をつくり出すことに成功する。

Point 上のパターンと基本的な考え方は同じ。チャレンジする選手は縦のドリブルコースを切りながら寄せることで、もう一人へのパスを誘導する。誘導したその先で、もう一人にディフェンスの選手がパスをカットする。ここでもディフェンス側は、ボールを奪った後まで意識してプレーしたい。

2対2＋サーバー

進め方

図のように、やや縦長のグリッド内にオフェンス2人とディフェンス2人を配置する。加えて、短辺にサーバー（ポスト役）も配置する。ディフェンスからオフェンスへパスしてスタート。オフェンスは、反対側の辺のサーバーにパスを当てて、リターンを受けてマーカー間の突破を目指す。

▶ **このメニューの動き方**

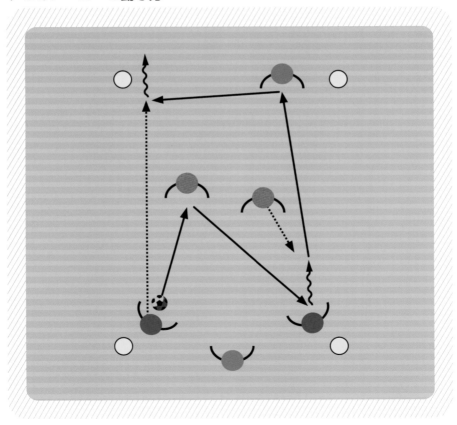

Point

メニュー4の発展形として、縦パスを受ける味方を配置している。オフェンス側は、「3人目の動き」を意識して、FWに縦パスを通し、中盤やDFの選手がリターンを受けてボールを前進させるイメージで行なう。ディフェンス側は、目の前の相手2人に加えて、縦パスも警戒しなくてはならないので、やや難易度は上がる練習となる。背中で縦のパスコースを消すことが大切。

4対2

進め方

図のように正方形のグリッドをつくり、辺上にオフェンス側が4人立ち、ディフェンス側はグリッド内に2人が入る。オフェンス側はボールを奪われないようにパスを回す。30秒程度、時間を区切って行なう。

▶このメニューの動き方

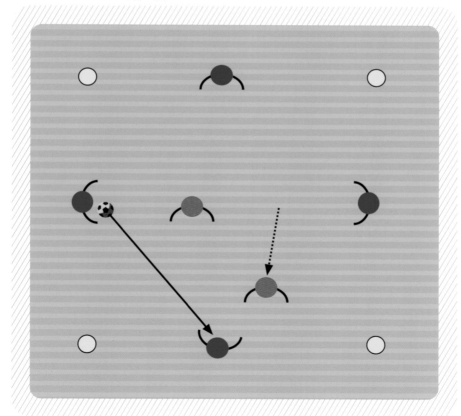

Point

オフェンス側は、同じテンポでパスを回し続けないようにする。そのためには、味方同士の距離感を縮めたり、広げたりすることが大切。テンポを変えながら近寄ってパス交換を行い、ディフェンスを引きつけたところで間を見つけて、反対側にいる味方へパスを展開していこう。

Point

このメニューは時間を短く区切って集中して行なう。そのため、ディフェンス側はボールを奪うべく全力でプレッシャーをかけ続けよう。オフェンス側はそれをかいくぐるようにパスを回していく。ハイプレスの中で相手を動かし、広いところへ展開する力を養うためのメニューである。

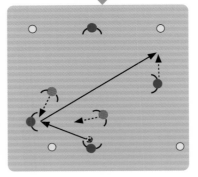

4対2

【DFが良い対応をした例】

写真では、ディフェンス側の2人が連携し、背中でパスコースを切りながらも間を通させないように素早く詰めることで、オフェンス側を追い詰めてボールを奪った。逆にオフェンス側は、広いほうへ展開できない体の向きでボールを受けてしまっている。ディフェンス側が「どのようにハメようとしにきているか」を察知して、追い込まれる前に展開したい。

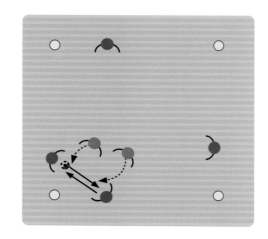

2＋1対2

進め方

図のように、グリッド内にオフェンス2人とディフェンス2人を配置し、ディフェンスのパスからスタート。オフェンスはボールを奪われないようにキープし、スタートから5秒後にオフェンスが1人加わり、3対2の状況で反対側のマーカーの間への突破を目指す。

▶ **このメニューの動き方**

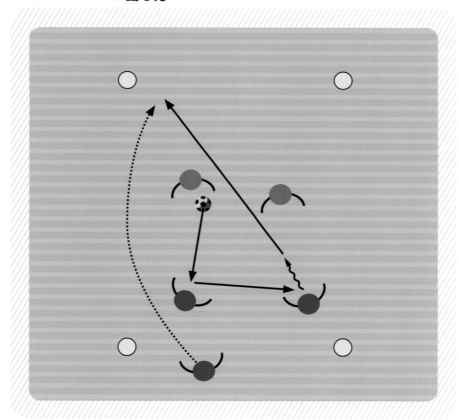

Point オフェンス側は素早く仕掛けることを意識しつつ、加わった味方を、3人目の動きを使って崩していきたい。ディフェンス側は、数的不利になる前に積極的にボールを奪いにいく。最初からキープに入るというのは試合ではあまりないシチュエーションではあるが（リアリティーに欠ける）、積極的な守備を引き出すためにこのような設定としている。

再現させたい動きや狙いを持って
人数やグリッドの広さの設定を

この章では、シンプルな1対1にはじまり、最大で4対2まで、人数やルールに変化をつけた練習メニューを紹介した。これらの練習の場の設定（オーガナイズ）は、やみくもに変化をつけるのではなく、指導者が設定するにせよ、選手たちのみで練習するにせよ、しっかりと狙いやテーマを持って決めていきたい。

例えば、メニュー6で4対2を紹介したが、何も伝えずに選手たちがプレーをすると、なんとなくパスを回すだけで、何も身につかない練習になってしまう。ここに、「寄せて、展開する」というテーマを与えることで、どのように動き、どこに（どちらの足に）パスを出せばそれを実現できるかを選手たちは考えるようになる。また、今回はタッチ数の制限を設けてはいないが、ワンタッチのみと制限することでスピーディーにボールが動き、瞬時の判断力が求められる練習になる。その一方で、一定の規則性を保ってパスが回りがちになる（ある意味で判断のないパス回しになる）。ここで、タッチ数を変えたり、制限を加えたりすることで、違ったリズムでボールを動かす術を選手たちは身につけることができるかもしれない。

同じグリッドサイズ、同じ人数で、同じ練習メニューをやっていても、技量や体格の差が大きい中学生年代のチームだと、あるグループは狙ったプレーが再現しないこともあるだろう。指導者はその状況を見極めて、適宜、オーガナイズを調整していくことが必要なのである。

PART 6 ゴールキーパー GOALKEEPER

練習メニュー紹介の最後は、ゴールキーパー(GK)について。プロで活躍している選手でも中学生からGKをはじめた選手は多いようです。基本的なボールのキャッチから足元でボールを扱うための技術まで、GKのはじめの一歩から段階的に基礎を身につけていきましょう。

ゴールキーパー GK

ゴールキーパー（GK）は、最近では攻撃の第一歩として組み立てに関わり、パスやキックなどの技術も求められてきているものの、ゴールを守ることが第一のポジション。中学生からGKをはじめる選手も多いだろ

心得 1 地道にていねいに、技術を磨いていく

GKの技術は、フィールドプレーヤーの技術とは違い、自然と身につけるのは難しい。例えば、パスやシュートの蹴り方にはある程度の個人差があるが、GKがボールをつかむ（キャッチング）ための技術にはどの選手にも共通するオーソドックスな型があり、それを身につけていくことが中学生の段階では特に重要となる。

この章で紹介しているのはGKの練習メニューの中でも、ドリル形式でステップアップしながら、基本的な技術を体で覚えるためのメニューに絞っている。最初は地味な練習が多いが、「最初の一歩」がとにかく大切。しっかりと、丁寧に技術を積み上げて、GKとしての土台をつくっていこう。

GKの心得

う。まずはGKに必要な技術を、基本的なキャッチングからドリル形式で、地道に身につけていこう。中学生のうちに土台をしっかりとつくった上で、体の成長とともに、自分の得意とするプレーを磨いていってほしい。

心得 2　リーダーシップを持ち、負けず嫌いであれ

　GKは、試合の中で自分のプレーが失点に直結するポジションである。それゆえに、ミスをすればそのまま試合の負けにもつながってしまうことが日常茶飯事である。だからこそGKの選手は、ミスを恐れずに前向きにプレーでき、そして負けず嫌いであってほしい。それと同時に、チームの中心選手としてリーダーシップも持っているのが理想である。

　とはいえ、GK全員が同じ性格というわけではないし、時には非常に穏やかな性格の選手がGKをやっていることもあるので、絶対条件というわけではない。トップレベルで活躍するGKであっても、

全員が最初からそのような性格であったわけではないだろう。

　ただ、GKは試合の中ではミスをしたからといって簡単に交代はできず、FWと違って自分で得点を取り返すことも基本的にはできない。強い心を持ってピッチに立ち続けられるように、中学校の3年間でGKとしてのテクニックを身につけるのと並行して、積極的にたくさんの経験をしながら、学校生活も含めた日常の中で心を磨くことを意識してほしい。内面を磨くことは、フィールドプレーヤーにとっても必要不可欠だが、GKにとっては特に大切なことだ。

キャッチングドリル

進め方

GKがボールを持った状態で構える。コーチが手で投げて配球し、GKはそのまま真下にボールを落としてから、配球されたボールをキャッチする。これを8本行なう。

基礎編

Point 全てのキャッチングの基礎となる、オーバーハンドキャッチ。ポイントは手の形をつくること。ボールを持ちやすい手の形こそ、もっともキャッチをしやすい形。この練習では、最初から手でボールを持っていることで手の形を強制的につくり、そのまま向かってくるボールをキャッチできるようにしている。

キャッチングドリル

進め方

GKはボールを持ち、グラウンダーでコーチに向かって転がす。コーチはそのボールを、ダイレクトに蹴って配球する。オーバーハンドキャッチ、アンダーハンドキャッチ、グラウンダーのキャッチの3種類を、各8本ずつ行なう。

応用編

オーバーハンドキャッチ

アンダーハンドキャッチ

グラウンダーのキャッチ

ローリングダウンドリル

進め方

GKは座った状態（片足は横に流すように伸ばす）で構える。コーチが配球し、ローリングダウンの形でGKはボールをキャッチする。浮き球、バウンド、グラウンダーを、左右各6本ずつ行なう。

基礎編 浮き球

Point ボールに対して、地面に倒れながらセーブする技術のことをローリングダウンという。「正しい倒れ方」を、座った状態から練習して身につけていくためのメニュー。地面に倒れるのは、最初は勇気がいるかもしれないが、徐々にステップアップして、その恐怖を克服していこう。

バウンドボール

1
2
3
4

グラウンダー

1
2
3
4

ローリングダウンドリル

進め方

GKは立った状態でボールを持ち、そのままゴールラインのあたりで、浮き球をキャッチするイメージでローリングダウンの形で倒れる。次に、

応用編 浮き球

地面へ倒れるのに最初は恐怖心があるだろうが、正しい姿勢で倒れるのが、もっとも負荷が少なく着地できる方法。恐がってしまい中途半端な体勢で倒れると、逆にケガもしやすくなる。いきなり土のグラウンドでやるのではなく、柔らかい砂場などで練習するのも、恐怖心を抑えながらローリングダウンを身につけられる方法の一つだ。

低い姿勢で構えた状態から、コーチから配球されたグラウンダーのボールをローリングダウンでキャッチする。左右各6本ずつ行なう。

グラウンダー

ハイボール処理ドリル

進め方

GKは片ひざ立ちの状態で構える。コーチから配球されたボールをキャッチする。片脚8本ずつ行なう。次に立った状態で構え、コーチから配球されたボールに対して、片足を上げながら背伸びをしてキャッチする。片脚8本ずつ行なう。

基礎編 立ちひざ

基礎編 立ち

Point 空中でボールをキャッチする(ハイボールを処理する)ための形づくりのドリル。空中では姿勢が崩れやすいので、ここでしっかりと身につけよう。試合においては、味方に対して、自分がボールをキャッチしにいく意思を示す声(「キーパー!」など)をかける。ここでもその練習として、キャッチをする際は声を出す。

進め方

GKはゴール前で構える。サイドにいるコーチから手で配球されたボールに対して、ジャンプしてキャッチする。配球は、ニアサイド、中央、ファーサイドの3ヶ所。反対サイドからも同様に行なう。

応用編 ジャンプ

Point　GKは自分の最高到達点でボールをキャッチできるように、タイミングを合わせてキャッチする。またコーチがボールを配球する際は、下投げでふわりとしたボールを投げるのではなく、スローインやオーバースローなどで、試合で飛んでくるのに近い球質で投げるようにする。

ブレイクアウェイドリル

進め方

GKは座った状態で構え、FW役のコーチが前に立つ。GKは、置かれたボールに対して手を伸ばしてキャッチしにいく。コーチは、ボールにアタックするふりをする。左右各8本ずつ行なう。

基礎編 置かれたボールに対して

Point　向かってくるシュートを防ぐセービングに対して、スルーパスや相手が持つボールを「奪う」ためのプレーをブレイクアウェイという。相手もゴールに向かってくるため非常に勇気がいるプレーだが、置いたボールに飛び込むところからはじめて、段階的に技術を身につけていこう。

進め方

GKは立った状態で構え、コーチは両手にボールを持つ。コーチは、ランダムでどちらかのボールを転がし、GKはそのボールに対して飛び込んでキャッチする。これを10本行なう。

応用編 転がったボールに対して

複合トレーニング

進め方

GKはゴール前で構え、ペナルティーエリア内にFW役の選手、ペナルティーエリアの外でボールを持ったコーチを配置する。コーチはスルーパスを出すか、FWの足元へパスを出す。スルーパスならGKはブレイクウェイでボールを奪いにいく。FWの足元へのパスならシュートに備えて構える。

▶ **このメニューの動き方**

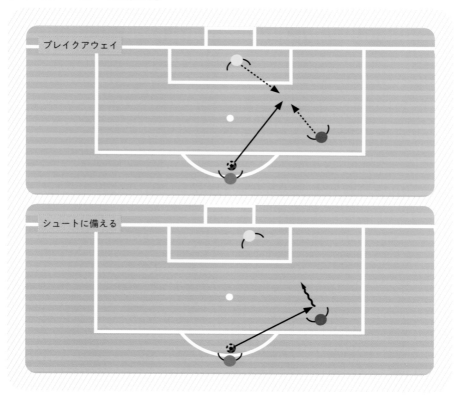

ブレイクアウェイ

シュートに備える

ブレイクアウェイ

シュートに備える

Point　ここまでは段階的に形をつくるドリル系のトレーニングだったが、ここでは相手のプレーを見て判断し、用いる技術を選択するトレーニングとなる。コーチからパスが出るまで、GKはFWのほうではなく、コーチのほうを向いて構え、パスが出たらその先に合わせてポジションを修正する。また、もしFWのトラップが流れた場合は、ブレイクアウェイでボールを奪いにいく。

バックパス処理・フィードドリル

進め方

GKはゴール前に立ち、コーチがペナルティーエリアの両角より少し外のあたりにボールを持つ。GKはコーチからのグラウンダーのパスを受けて、以下の3パターンで配球する。

［パターン①］**パスがきた方向にトラップ＆パス、ダイレクトパス**

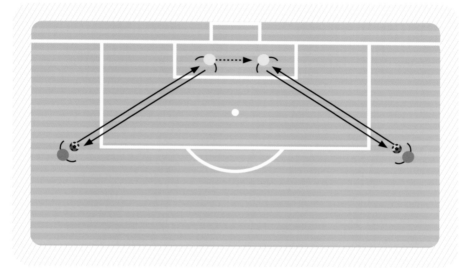

Point　フィールドプレーヤーのような足元の技術は簡単には身につけられないが、狙ったところにボールを蹴ることだけは身につけておきたい。そのために、日々のキック練習は必要。試合で相手からプレッシャーを受けたときに、冷静にパスをつなぐことができるのが理想だが、それが難しければ、ロングボールを味方のいるところへ蹴られるようにしておこう。

①パスがきた方向にトラップ＆パス、ダイレクトパス（各4本）
②逆サイドへトラップ＆パス、ダイレクトパス（各4本）
③トラップし、逆サイドへ浮き球のパス（各4本）

［パターン②］**逆サイドへトラップ＆パス、ダイレクトパス**

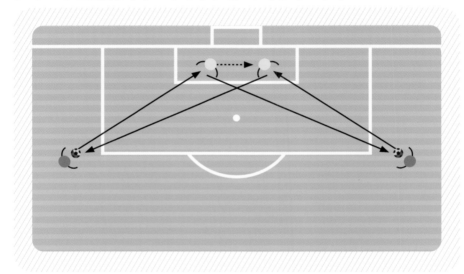

 近年のGKは、ゴールを守るだけではなく、ビルドアップに積極的に関わり、11人目のフィールドプレーヤーとして攻撃の出発点になる役割を求められている。バックパスを受けても慌てずに処理して、味方に展開できるような足元の技術を磨くための練習である。最初はフリーで行いつつも、プレスをかけにくるFWの存在をイメージしながらやってみよう。

バックパス処理・フィードドリル

［パターン③］トラップし、逆サイドへ浮き球のパス

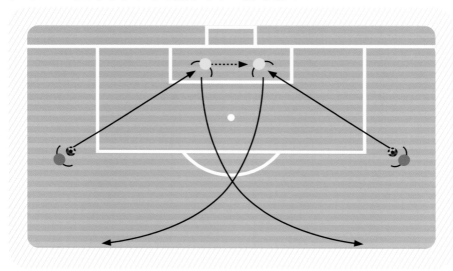

PART **7** 基礎知識 BASIC KNOWLEDGE

ルールを知らなければゲームは
できない。各ポジションの役割
を知らなければ、いくらサッカー
が上手になっても、チームの中で
うまくいきにくいでしょう。そ
こでここからは、ルールを中心に
必要な基礎知識を簡単に紹介し
ていきます。

コート・用具の規格

コート

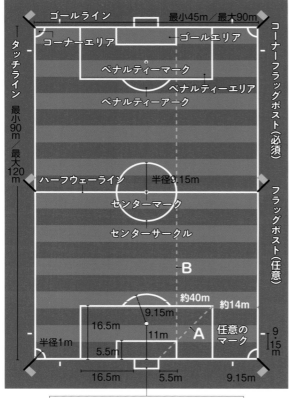

図内のラベル:

タッチライン 最小90m／最大120m

ゴールライン 最小45m／最大90m

ゴールエリア
コーナーエリア
ペナルティーマーク
ペナルティーエリア
ペナルティーアーク
ハーフウェーライン
半径9.15m
センターマーク
センターサークル
コーナーフラッグポスト（必須）
フラッグポスト（任意）

B

約40m
約14m
9.15m
16.5m
11m
5.5m
半径1m
16.5m
5.5m
9.15m
A
任意のマーク
9.15m

ゴールの大きさ　幅7.32m、高さ2.44m

▶ フィールドは長方形でなければならず、サイズはある程度の幅が認められている。国内外の主要大会では縦105m×横68m

▶ それぞれの距離はラインの幅も含まれている

▶ 各ラインの幅は12cmが推奨されている（規則は12cm以下）

▶ ゴールエリアの短辺の3倍がペナルティーエリアの短辺。従って、ゴールポストからゴールエリアの角、ペナルティーエリアの角は一直線上になる（図内の線A）。また、ゴールの高さの3倍がゴールの幅である

▶ 両サイドのゴールラインとゴールエリアの交点を結ぶと、センターサークルとハーフウェーラインの交点が重なる（線B）

ボール

[形] 球形　[材質] 人工皮革やゴムなど適切なもの　[大きさ] 11人制の中学生以上は5号球、小学生は4号球(外周：5号球…68～70cm、4号球…63.5～66cm)　[重さ] 試合開始時に、5号球は410～450g、4号球は350～390g　[空気圧] 海面の高さの気圧で0.6～1.1気圧 [色] 特に規定はない(雪の中では黄色や赤色を使う)

ユニフォーム

- ▶サッカーにおけるユニフォームは、シャツ、ショーツ、ソックスの3点を合わせたものを指す
- ▶フィールド上で区別するために、自分と相手、フィールドプレーヤーとGK、選手と審判員などを見分けられる色のものを着用する
- ▶チームは色の違う2組のユニフォームを持参しなければならない
- ▶シャツの前面・背面には、番号を表示しなければならない
- ▶両チームのユニフォームの色が似ていて判別しにくいと判断されたとき、両チームで話し合うか、主審の決定(コイントスなど)によって着用する色を決める

ユニフォーム以外で身につけるもの

- ▶全ての選手はくつ、シンガード(すね当て)を着用しなければならない
- ▶アンダーシャツは着用できるが、チームで同じ色のものでなければならない
- ▶GKはグローブ、ロングパンツ、帽子を使用できる
- ▶このほか、サポーター、ヘッドカバー、スポーツメガネ、ヘアゴム、ヘアバンドの着用が認められている(ただし、硬い素材のものは×)

ルールの説明
プレーに関する主なルール

試合時間

　サッカーは決められた時間の中で得点を競い合うスポーツ。試合は前半、ハーフタイム、後半に分かれており、年代によって時間が異なる。一般（大人）は全後半各45分、高校生（U-18）は40分、中学生（U-15）は30分、少年（U-12）は20分を基本としており、大会によって異なる場合がある。また、時間内に決着がつかない場合は延長戦やPK戦を行なうこともある。

　試合時間は主審が計測する。ハーフタイムは5～15分間で、延長戦ではハーフタイムはないが、約1分間の水分補給時間をとることができる。

　加えて、選手の交代、負傷した選手の対応、飲水タイムやクーリングブレイク（下記参照）などの停止、あるいはプレーの最下位を著しく遅らせる行為などで試合が中断された時間は「アディショナルタイム」として、主審により、前半、後半の終了前に時間が追加される。

飲水タイムとクーリングブレイク

　気温が高いときの試合では選手の安全を守るために、プレーが途切れたタイミングで、主審が飲水タイムまたはクーリングブレイクの時間を、前後半で1回ずつとる。

・飲水タイム:最大1分間。ライン（タッチライン、ゴールライン）上で、選手がラインの外に置かれているボトルをとるか、チーム関係者からボトルを受けとって飲水する
・クーリングブレイク:90秒～3分間。日陰にあるベンチ、テント、更衣室など決められたところに必ず全員が集まり、飲水あるいは体を冷やす

【飲水タイムの実施基準について】
Jリーグにおいては、夏季期間（7月～8月頃）の飲水タイム実施ルールについて以下の通り定められている（※2023年シーズン）。
・夏季期間は、WBT値（湿球黒球温度／気温、湿度、日射・輻射などの周辺熱環境を総合して計測する暑さ指数。JFA「熱中症対策ガイドライン」にて飲水タイムを行なう際の基準が定められている）に関わらず飲水タイムを原則実施する
・ただし、WBGT値が実施基準値以下かつ気象条件などにより両チームが合意した場合は飲水タイムを実施しないことも可能とする

選手の数と交代

サッカーは11人で行なうスポーツであり、GKが必ず1人いなくてはならない。7人以上の選手がいれば試合は成立するが、負傷や退場などで6人になった場合は試合を続けられることができない。

試合中は選手の交代が認められており、交代できる人数、交代要員の登録人数などは大会によって異なる。例えば、2024年シーズンのJリーグにおいては、試合の登録人数は18人、選手交代は5人（交代回数はハーフタイムを除いて3回まで）と定められている。なお、「脳振盪による交代」は、その前に何人の交代が行われているにかかわらず、行なうことができる。

選手の交代について

▶ボールのアウトオブプレー時に主旨の合図に従い、交代する選手はハーフウェーラインから入る

▶退く選手はもっとも近いところ（タッチライン、ゴールライン）からフィールド外へ出る

▶退く選手がフィールドを出てから、交代して出場する選手が入る

フィールドの入退場について

▶選手はフィールドから勝手に出たり入ったりできない。主審の承認が必要である

▶選手が重傷を負ったと思われ、プレーが停止されてドクターや担架がフィールド内に入った場合、負傷した選手はフィールド外に出なくてはいけない。ただし、GKが負傷した場合などはフィールド内での治療が認められている

ルールの説明
プレーに関する主なルール

直接フリーキック

　ボールがインプレー中に反則があった場合、反則をされた側のチームに直接フリーキックまたは間接フリーキックが与えられる。

　フリーキックは原則的に反則があったところにボールを置き、キッカーが蹴ることによって再開されるが、直接フリーキックはキックされたボールが直接ゴールに入って得点と認められるフリーキックである。主に、正当ではない身体接触を伴うプレー、ハンドの反則があったときなどに与えられる。

●直接フリーキックとなる3つの要素

1.「不用意に」
　注意や配慮、慎重さを欠くこと

2.「無謀に」
　相手が危険な状態にあること、または結果的に危険になることを無視してプレーすること

3.「過剰な力で」
　必要以上の力を用いる、相手の安全を脅かす

直接フリーキックとなる反則例

▶相手を蹴る、または蹴ろうとする[キッキング]

▶相手をつまずかせる、またはつまずかせようとする[トリッピング]

⇒ヘディングの競り合いのときに相手の下に潜り込んでつまずかせるプレーも含む

▶相手のボールを足で奪おうとして、ボールに触れる前、もしくは触れると同時に相手の足に当たる[タックル]

▶相手に対して足だけでなく、胸やひざ、腕・ひじなどの部位で挑み、ボールより先にこれらの部分が相手の体に不当に接触する[チャレンジ]

▶相手にとびかかる[ジャンピングアット]

▶必要以上の力を用いて、またはボールが遠くにあるのに早いタイミングで肩を接触させる[チャージ]

▶腕やひじで相手を打つ、打とうとする[ストライキング]

▶相手を手や体で押す[プッシング]

▶相手の体を押さえる[ホールディング]

▶相手に体を接触して進路をさまたげる、スピードを落とさせる[インピーディング]

▶人に向かってつばを吐く、かむ[スピッティング、バイティング]

▶人に向かって物を投げる、シューズやすね当てをボールに当てる[スローアットオブジェクツ]

▶手や腕でボールを扱う[ハンドリング]

関接フリーキック

　蹴られたボールが、キッカー以外の選手に触れないと得点が認められないフリーキックのことを間接フリーキックという。ボールのインプレー中に選手が競技の精神に反するプレーや行為、リスペクトに欠ける行為を行ったと主審が判断した場合、相手チームに与えられる。

　例えば、身体接触がなく相手のプレーを邪魔するような行為、危険なプレー、オフサイド、GKへのバック、シミュレーションなどが該当する。

間接フリーキックとなる反則例

▶相手だけでなく、自分も含めて負傷する恐れがある行為[デンジャラスプレー]

▶GKへのデンジャラスプレー

▶体の接触を伴わずに相手の進行を妨げる[インピーディング]

▶審判員の判定に対して異議を示す、または下品な発言や行動をとる[ディセント]

▶自分が利益を得ようと主審をあざむく[シミュレーション]

▶その他、GKの反則や、オフサイド(次ページ参照)など

ルールの説明
プレーに関する主なルール

オフサイド

　オフサイドとは「ボールがプレーされた瞬間に、ボールより相手側ゴールラインに近い位置にいる選手」のプレーを制限もしくは禁止するものです。このルールによって、ゴール前へのロングパスによる単純な攻撃を制限し、より戦術や技術を高度化させる（＝サッカーをよりおもしろくする）狙いがあると言われており、たびたびルール改正がされている。

●オフサイドの反則になる条件

1. いつ？
⇒ボールが味方選手によって、プレー（キック、ヘディング、トラッピングなど）されたとき

2. どこで？
相手の陣内で

3. どんな状況で？
ボールまたは相手陣内の後方から2人目の相手選手よりも相手側ゴールラインに近い位置にいて、そのときのプレーにかかわっていると主審が判断した場合

オフサイドの基本

オフサイド

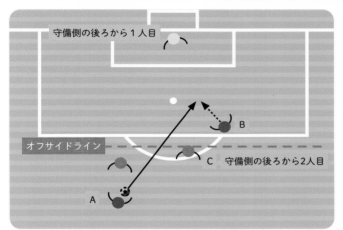

守備側の後ろから1人目

オフサイドライン

C　守備側の後ろから2人目

A

B

オフェンスのAがB
にパスを出したとき
に、Bはディフェンス
側の後ろから2人目
であるCのオフサイ
ドラインより前（相
手ゴールに近い位置）
にいるため、パスに
反応する（プレーに
関わる）とオフサイ
ドの反則になる

オフサイドではない

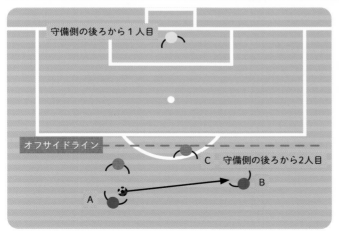

守備側の後ろから1人目

オフサイドライン

C　守備側の後ろから2人目

A

B

Bはオフサイドライ
ンより後ろ（オンサ
イド／自陣ゴールに
近い位置）にいるため、
パスを受けてもオフ
サイドにはならない

ルールの説明
プレーに関する主なルール

オフサイドになる or ならないケース

オフサイド

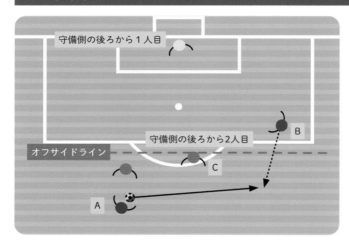

最終的にパスを受けた位置はオフサイドラインの後ろ（オンサイド）ではあるが、Aがパスを出した時点ではオフサイドラインより前にいたので、オフサイドの反則になる

オフサイドではない

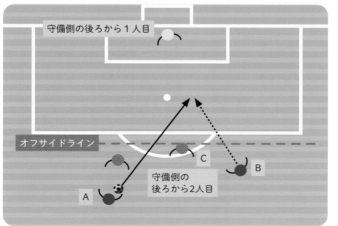

最終的にパスを受けた位置はオフサイドラインより前だが、Aがパスを出した時点ではオフサイドラインの後ろ（オンサイド）にいたので、オフサイドの反則ではない

オフサイド

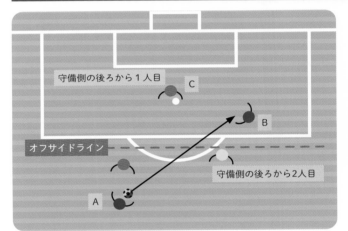

守備側の後ろから1人目

C

B

オフサイドライン

守備側の後ろから2人目

A

GKがゴールを飛び出してプレーすることで、フィールドプレーヤーより前に位置するときはある。その場合、GKが「守備側の後ろから2人目」となり、GKの位置がオフサイドラインとなる

オフサイド

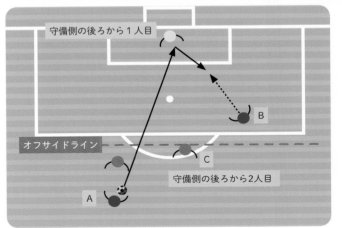

守備側の後ろから1人目

B

オフサイドライン

守備側の後ろから2人目

C

A

Aがシュートを打ち、GKがボールをはじいてBがそこに詰めたシチュエーション。AからBにパスが出たわけではないが、Bは「オフサイドポジションにいることで利益を得た」と判断されるため、オフサイドの反則となる

ルールの説明
プレーに関する主なルール

警告と退場

　サッカーのルールの基本である「フェアプレーの精神」を守らなかったとき、「退場にならないように」という意味で、そのプレーや行為を対象に選手には警告が与えられる（イエローカードが掲示される）。

　ただし、著しく不正なプレーや乱暴な行為を行なってしまった選手に対しては警告より重い罰として、退場処分となる（レッドカードが掲示される）。

　当該選手は、退場後はチームのベンチにいることも許されず、多くの大会やリーグ戦では、その後の数試合も出場ができなくなる。選手にとってはサッカーを楽しむ権利を奪われるものである。

警告が与えられる例
▶反スポーツ的行為
▶プレーの再開を遅らせる［遅延行為］
▶主審に対して言葉や行動により意義を示す
▶主審の承認を得ないでフィールドに入る（出る）
▶フリーキックの守備などで既定の距離を守らない
▶繰り返しの反則

退場となる例
▶相手の得点機会をハンドによって防ぐ
▶著しく不正なプレー
▶人をかむ、人につばを吐く
▶乱暴な行為
▶攻撃的、侮辱的、下品な言動
▶2回目の警告

　本省で紹介したルールは、全17条からなるサッカーの競技規則の中の、ほんの一部にすぎません。ルールを正しく理解することは、サッカーには欠くことができない審判員への理解とリスペクトにもつながります。技術向上に励むのはもちろんですが、ぜひルールの理解も中学生のうちに力を注いでいきましょう！

PART **8** 指導者の心得

最後の章では、私が中学生を指導するうえで大切にしてきた考え方などをお伝えさせていただきます。指導者の方はもちろん、選手たちにも理解してもらいたい内容ですので、ぜひ読んでみてください。

選手の起用で大切にしていること

ポジションコンバートは信頼関係の上で

　ポジションによって求められる能力や役割に多少の違いはあるものの、大前提として、**GKとセンターフォワード以外はスタートの位置が違うだけで、どのポジションでもやれるようにサッカー理解を促している**。よほど際立った能力を持っているのでなければ、中学3年間の中で、特に大会がない時期などは、本来のポジションではない位置でプレーさせることはよくある。例えば右サイドが主戦の選手は左サイドへ、センターフォワードの選手はセンターバックに、という具合に、左右と前後の入れ替えはよく行なう。

　右利きで右サイドを得意とする選手を左サイドでプレーさせると、今までは縦方向へのプレーが多かったのが、自然とピッチ中央を向いてのプレーが多くなる。プレーのアングルが大きく変わるので、今まで見えていなかった景色が見えるようになるだろう。またFWの選手にDFをやらせると、ありきたりなことではあるが、DFにとってFWのどういうプレーが嫌なのか、体験できるものである。そうして選手に気付きを与え、考えさせ、幅を広げてあげることは大切。理屈ではなく、それを"感じる"ように仕向けたい。

　その中で、ポジションをコンバートすることはある。その際に大切にしているのが、選手の納得感である。当然、選手たちは自分がやりたいポジションがあるもの。「君はこのポジションではダメだ」「監督が自分の思いを無視して勝手に変えた」と思うようにはしたくない。**今のポジションをやらせて、うまくいかないことを選手に実感させたうえで、「じゃあこのポジションも挑戦してみよう」と伝え、選手に納得してもらう**。その信頼関係が大事だと考える。

ポジション選びは性格も考慮しながら

　現代のサッカーにおいて、「このポジションしかできない」選手は、よほどのスペシャリティを持たない限り、壁にぶち当たる可能性がある。中学生の段階でレギュラーのうちはまだいいが、上のカテゴリーのチームに進んで、"12〜18番目"になったときにどう立ち回るか。**選手を選ぶ監督の立場からすると、複数のポジションをこなせる選手が絶対に必要になる。**

　話は逸れるが、社会に出ても同じことが言えるはず。仕事をするにしても、「これしかできません」という人よりも、さまざまな役割をこなせる人のほうが良いし、必ず、複数の役割が求められるもの。「中学校のサッカー部という狭い社会の中だけで生きるな」とはよく伝えている。

　選手を選ぶ際には、サッカーの技術のみならず、人間性も大切にしている。人と人とをつなぐ潤滑油のような選手もいるし、体のサイズやスピードがなくても、ピッチの中央に置くと影響力があり、リーダーシップをとれる選手もいる。サッカーの能力だけでポジションを決めることはほとんどない。

　ただし、センターフォワードはやや別物だと考えている。これはあくまで私のチームの中でのことだが、「点をとるなら守備を多少サボってもいい」と考えている。「チーム全員で守備も攻撃もする」というのが現代のサッカーでよく言われることであり時代に逆行しているかもしれないが、やはり点をとらないと試合では勝てない。センターフォワードの選手を追い詰めるというわけではないが、エースの自覚を持たせたり、心理的な負荷を与えたりすることで、スト

選手の起用で大切にしていること

ライカーは育っていくかもしれない。

　選手を選ぶうえで人間性も考慮すると上述したが、**ことセンターフォワードにおいては、エゴイスティックで、やんちゃな選手を私は選ぶようにしている**。「点をとって周りの選手や監督を黙らせる」くらいの気概を堂々と持ってプレーできる選手に務めてほしい。強引にでも足を振ってシュートを打つエゴさと勇気を持っている選手が、いざというときに決定的なゴールを決める場面をこれまでに何度も見てきた。時には監督やコーチをにらみつけるぐらいの気迫、自分が常にゲームを決めるという気持ちの強さを持つ選手こそセンターフォワードにふさわしい。

　ちなみに、センターフォワードの選手には、他のポジションと比べても「教えすぎない」ことは意識している。チームとして戦ううえでの最低限のサッカーの知識や攻守の戦術は伝えるが、ああしろ、こうしろとはこれまでもあまり言ってはいない。なぜなら、教えすぎると「普通のFW」になってしまう可能性があるからである。良い素材のまま、高校生年代に引き渡したいと思っている。

　また、GKに関しても、センターフォワードと似た人間性を重視している。ピッチの後方に立つ選手としてのリーダーシップは必須であり、存在感があるGKを試合では重宝したい。

試合に出られないことも勉強

　勝利を目指して戦う以上、試合に出られない選手は必ずいる。そういう選手たちに常に伝えているのが、「サッカーの監督は私だけじゃない。ここでは試合に出られなかったけど、君が選手としてダ

メなわけではない。この評価が間違っていたと、次のステージで証明してほしい」ということ。

　監督によって選手に求めることも、標榜するサッカーも異なるのは言うまでもない。**私が求めていることしかできないのであれば、その選手は次のチームでも使われることはないのではないか。**私にとって一番残念なことは、中学で試合に出られなかったからといって、高校でサッカーをやめてしまうこと。違う監督の下では試合に出られるかもしれないし、逆に、これまで出ていた選手が試合に出られなくなることもある。それがスポーツであり、一喜一憂しないでほしいと思っている。日々ぶれずに、「継続は力なり」である。

　サッカーにおいて選手の価値がもっとも発揮されるのが、「自分より強い相手と対峙したとき」だと思っている。明らかに実力が劣る相手に勝って喜ぶよりも、**自分より良い選手、フィジカルやテクニックで勝る選手を前にして、苦しめられているときにどうやってその壁を乗り越えていくかが大切。**そこで真価が発揮されるもの。

　試合に出られないこともそれと同じ。控えになったり、ベンチから外れたりしても、ムダなことは一つもない。そういう苦しいときにどう振る舞い、何ができるか。**しっかりと自分に矢印を向けることをチームで一番大切にしており、チームのためにできることをする選手を育てていきたい。**

中学生だからこその指導のポイント

選手としての完成は先の未来

　私が一番大切にしていることは、**今の時点で選手をいじりすぎないこと、そして完成させないこと**。繰り返しにはなるが、中学生はまだサッカーを本格的にスタートした段階であり、ここから高校、大学、プロや社会人へと進んでいく。今の時点で完成された選手になる必要はまったくない。**感覚としては、6〜7割ぐらいの完成度で次の指導者の方へバトンタッチして、その先のステージで仕上げていけばいい。**

　これは、私自身も体格が良く、いわゆる早熟と言われる選手であったことにも起因している。振り返ると、スピードや体のサイズで勝っていたことで、さほど努力しなくても中学生くらいであればある程度活躍できてしまったがゆえに、細かな技術を磨かずに必要なことに気づけず、頭打ちとなってしまった。今の時点でゴールに達した選手の伸びしろは少なく、成長の余白を残しておくことが大事。もちろん、早熟であることが悪いわけではないが、そういう子どもには、その先で困らないように指導していきたいと思っている。ある意味で、私自身が反面教師になっており、今の選手たちに伝えていることは、昔の自分に対して言いたかったことなのかもしれない。

　選手には、より高みを目指してサッカーを続けてほしいと願っている。それだけではなく、生涯スポーツとしてサッカーを楽しんでほしい。だからこそ、**中学の段階で天井はつくらない。あれもやれ、これもやれと求めると、逆に消化不良を起こしてしまう。少し"お腹が空いている"くらいの状況をいかにつくってあげられるかが大事である。**

指導者の言葉の重み

　子どもたちにとって、われわれが思っている以上に、指導者の一言が重たいし、それと同時に嬉しいものだと思う。選手たちの気持ちや価値観を、われわれの言葉によって形成されていくという自負を、指導者は持つべきである。それこそ、ある一言が、その選手の人生そのものを変える可能性もあるはずだ。

　正直な話、私自身も、これまで「失敗したな」と思うことは山ほどある。冷静に振り返ってみると、厳しいことを言ったこともあったし、謝りたいと思ったこともたくさんある。その一方で、「監督に言われたあの一言のお陰で、今もサッカーを続けています」と後に言われたりすると、指導者冥利に尽きる思いである。そういう経験を経る中で、年をとるにつれて、言葉選びは年々慎重になっていっている。

　今でも、指導がうまくいかないときなどに自分に対して腹が立ったりすることがないわけではないが、ふっと立ち止まって考え直すことができるようになったのは、選手たちのお陰である。私自身も、子どもたちに育てられていると感じている。

指導者と選手は縦の関係ではなく横の関係

　選手たちが中学校を卒業するときに、よく話すことがある。それは、**「指導者と選手というのは縦の関係ではなく、横の関係で、共に高みを目指して登っていく関係である」**ということ。「先生に教わったことでサッカーの楽しさを知りました」と言う子どもがいるが、それはある意味、逆のこと。彼らが一生懸命に取り組む姿を見て、その

中学生だからこその指導のポイント

素晴らしさを知ることもあるし、決してサッカーの能力が高くなかった子どもでも、3年間苦しみながらこんなに成長できるものなのかと、彼らに教えられることも多い。どのチームやどの年代の選手を指導するにせよ、絶対に忘れてはいけないことだと思う。

「苦しいときにどういう振る舞いができるかが大切である」とすでに述べたが、その逆の話として、「うまくいってるときほど、立ち回りに気をつけろ」という話を選手たちには頻繁にしてきた。

例えば、神奈川県大会を突破して全国大会に出場するようになってから、他校がわれわれをどう見てくるか。冗談交じりに「彼らはオレたちの粗を探してくるかもしれないぞ」と言いつつ、「常に見られている意識を持とう」という話をよくしていた。うまくいけばいくほど、足元をすくおうとしてくる人は、サッカーに限らず普段の生活の中にもいるものである。成功したときほど、謙虚であれということだと思う。

本心かどうかを見極める

ありがたいことに、全国大会に出るようになると、選手たちが取材を受ける機会も出てくる。「自分の言葉で、自分の考えや思いをしっかりと話すこと」は大切であり、いずれ就職などで面接を受けたり、社会人になってプレゼンをしたりする際にも必要になってくるので、メディアの方との接し方は大切にしているし、彼らの勉強の場ともさせていただいている。一方で、それによって子どもらしさを奪ってしまっていると感じるときがあり、少し複雑に感じるときはある。

一つ気をつけないといけないこととして、「家族や地域など、周

囲への感謝」を口にする選手がおり、大事な考えではあるが、本当の意味でそれを身に染みて感じているかということを押さえておく必要がある。口先だけでそう言っているのではないか、そこは周囲の大人が見極めてあげたいところである。

　先述したように、私が大切にしていることとしては、「自分に矢印を向けているか」である。これは、私が指導しているチームの絶対的なキーファクターでもあり、選手たち自身が常に口にするようになった言葉でもある。**自分たちと比べて相手が良いとか悪いとかではなく、まずは自分たちを高め、自立・自律すること。それはサッカーでも学校生活の面でも、重要なこととして伝えていた。**

　われわれはサッカーの指導者であると同時に、中学生の子どもたちの教育者でもあり、子どもたちの少しの変化も見逃してはならない、鈍感であってはならないと考える。極端な話かもしれないが、ちょっと髪型を変えたぐらいの変化もわかってあげたい。指導者（教育者）は、それくらい変化に敏感であってほしいと思う。ただ、そうは言っても私自身もまだまだ気づかないこともあり、子どもたちと共に学んでいるところだ。

オフ・ザ・ピッチでの指導

ピッチ外の行動もプレーにつながる

　これまで述べてきたことに通じる部分はあるが、私の考え方としては、**オフ・ザ・ピッチ（練習や試合といったピッチ内ではない場所。普段の生活など）の行動に関しても、あまりガチガチに「あれをやれ、これをやれ」とは伝えないようにしている**。もちろん、例えば遠征先に行った際に、宿舎の方への挨拶にはじまり、食事をする際の礼儀や部屋での過ごし方には最低限やるべき行動があるし、細かいところではバッグや靴をきれいに揃えて置くとか、食後に食器を片付けるとか、布団を畳むとか……そういったことをさせていないわけではない。ただ、少し距離を置いて何も言わずに「この選手はどういう生活や行動をするのだろう」と、観察するのも大事だと考えている。

　その理由としては、「そうすると決められているから、言われたからやる」というオフ・ザ・ピッチでの振る舞いは、どこかで必ずボロが出ると思っているからである。なぜそういったことをしないといけないのかを、しっかりと理解させたい。これはオン・ザ・ピッチと同じで、**あるやり方にはめてしまうと、それしかできない・やらない選手になってしまう恐れがあるのではないか。プレーや行動には、必ず「考えること」「判断」が伴うものであり、その意味を考えたうえで、できれば自発的に行なうようになってほしいもの。**

　例えば、先ほどの「遠征先で、起床したら布団を畳む」という行動は当然やるべきだとは思うが、「そういうルールだからやる」になっていないか。もしかしたら宿舎の方にとって運びやすい布団の畳み方があるかもしれず、選手たちが畳んだものをいったん広げ直して

いるかもしれない。もしかしたら、最初から広げたままにしておい
たほうがいいのかもしれない（あくまで仮定の話だが）。そういうと
ころまで、こうしたほうがいいと考えて、判断して行動を起こして
いるか。判断なく、やみくもにやっているのであれば、それはピッ
チ内で型にはまったプレーしかしないのと同じであるし、後に社会
人になったときに、そういう人間が評価されることはないだろう。

　サッカー部に所属してチームの一員として活動している以上、サッ
カーだけうまければ良いというものではない。サッカーを通して、
今後生きていくうえでの道しるべを見つけてほしいし、**サッカーと
いうツールを使って、選手たちには後の人生をたくましく生きていっ
てほしいと思う。**

スタッフとの連携

スタッフは多くても困らない

　私はすでに鵠沼中学校を離れているが、当時の部員数は最大で100人近くまで増えており、公立中学校としてはかなり多いほうであったと思う。正直に言うが、そこまで膨らむと、私一人で全員のことを把握し、等しくコミュニケーションをとるのは不可能である。一方で、**選手全員には必ず何かしらの役割があり、必要のない選手は一人たりともいない。そこで、監督である私の周りを固めてくれるスタッフの存在が大切になってくる。**

　私の元教え子を中心に、常時7〜8人のスタッフがチームに携わっている。その中には若いコーチもいれば、自分より年配の方もいる。なぜなら、チームの中で常に私が一番上になってしまうと他のコーチたちが委縮してしまう可能性もあるからである。

　スタッフの編成における私の考えとして、「スタッフは多くても困らない」と思っている。その理由としては、**選手を見るうえで、できるだけ多くの目で見たいということ、私という一つの考え方にとらわれたくないということが挙げられる。**当然、マンパワー的な理由もある。一つの試合を見るにしても、一人で全員のプレーを分析するのは簡単ではない。同じ試合を見ていても、人によって見え方は違うだろうし、見る角度も異なってくる。スタッフが多ければ多いほど、選手を分析する解像度も、試合を分析する解像度も格段に高まっていくのは間違いない。私はある選手のプレーをネガティブに見たとしても、あるコーチはそのプレーをポジティブにとらえ、「そういう見方もあるのか」と感じたことは少なくはない。

　当然、多くのスタッフをマネジメントする難しさもあるし、スタッ

フへの報酬の面を考えても無限に増やせるわけではないが、多様な目と思考で子どもたちをケアするためには必要なことである。スタッフの手が足りなくて困ったことはあれども、多くて困ったことは、ほとんどない。

指導者としての成長を促す

　100人規模のチームともなると、当然、トップチームから入学したての1年生まで、性格もサッカーのスキルもそれぞれ異なる、さまざまな個性やバックグラウンドを持った選手が集まることになる。練習や練習試合において、スタッフにはそれぞれ担当を振り分けて、選手たちを見てもらうようにしている。

　若いスタッフやコーチが多いので、選手たちの成長と同じくらい、彼らの指導者としての成長も考えてマネジメントするようにしている。トップ、セカンド、サード……と担当チームを振り分けると言ったが、常に固定しているわけではない。日によってシャッフルする場合も当然ある。トップチームのコーチを担当すれば、選手たちのレベルも高くなるので指導スキルも求められるし、何よりもチームの中で公式戦に出ている選手たちを指導している実感を得られるであろう。一方で、トップチームにいる以上は監督である私が指導者のトップにいるため、私を飛び越えて意見をする機会は少なくなる。

　その点、セカンドチームを担当し、そこでチームを統括する監督としての自覚を芽生えさせることもできるし、それ以外のチームにおいてもある意味で選手の伸びしろがもっとも大きいので、選手の成長を手にとるように実感させることができる。それぞれのチーム

スタッフとの連携

でスタッフに感じてほしいことも求められる能力も異なるのは明らかであろう。

　もちろんそこには、スタッフ同士の競争というものも生まれるし、そうなるように私としても促している。子どもたちは正直かつシビアなもので、「Aコーチとは相性が合わない」「Bコーチのほうが自分に合っている」というのが顔に現われるもの。それ自体は悪いことではないし、多感な中学生を指導している以上は避けられないものである。ただし、誰からも評価される選手を目指してほしい。同時に、コーチ陣も常に考え、変化していくことが大切。

　そのコーチがダメかと言ったらそういうことではない。自分に合う選手、自分に合うコーチがいるのは当然のこと。選手たち全員が私のことをポジティブに捉えられているかと言ったら、そうでもないだろう。ただ、それを野放しにしてはいけないとは思う。だから定期的に指導担当チームを入れ替えるし、そういう選手の反応は、スタッフ間で必ず共有するようにしている。

共有の時間が一番大切

　「選手たちには、あれをやれ、これをやれと言いすぎない」とすでに述べたが、これはスタッフに対しても同じことが言える。全体として一つのチームではあるが、その中で各指導者が担当するチームごとに「あの練習をやりなさい」とは言わないし、練習試合でも「フォーメーションはこれで」などと言ったこともない。ただし、最低限のガイドラインというものは存在し、私が大切にしている根っこの部分のポリシーだけはぶれないようにしてほしいと伝えている。

もし何かを言うのであれば、**サッカーに関する指導よりも、選手たちへの接し方や、言葉の伝え方である。それも「こう言ってほしい」というよりは、「なぜああいう言い方をしたのか」と聞くようにする。**その理由を聞いたうえで、「こういう言い方のほうが良かったのでは」とアドバイスをするようにしている。これに関しては、私も勉強しているところであり、他者を見て、自分を振り返るようにしている。

　スタッフのマネジメントにおいて正解はないと思うが、私にとって一番避けたいのは、スタッフ間で意思疎通がとれずにその日が終わることである。チームや選手はどういう状況で、どういう問題を抱えているのか。今日はどういう気付きがあったのか。その共有の時間は一番大切にしたい。

おわりに

　現在の私は、11年間指導した鵠沼中学校を離れ、新たに藤沢市立滝の沢中学校へ転任し、ここでもサッカー部の指導にあたっています。100人規模で全国大会を目指していた鵠沼中学校とは異なり、部員も30人前後で、当然目標も異なります。「高いレベルのサッカーを感じ続けていたい」という思いはゼロではなかったですが、約1年間ここで指導にあたって選手と触れている中で、ここにはここのサッカーがあって、彼らのアイデンティティや価値観があると、少しずつわかってきました。

　思い返してみると、指導者をはじめた当初から、「絶対に全国大会にいってやる」という思いが私の中にあったわけではありません。目の前の生徒たちと接し、彼らの成長のために自分が何をできるのか、それを考え続けたことで、全国大会出場という結果が後からついてきただけだと思います。

　地域柄もあってか、滝の沢中学校の生徒たちは人懐っこい生徒が多い印象です。だから、以前と比べると選手との距離感はより近くなっていますし、鵠沼中学校のときとまったく同じ指導では彼らの良さを引き出すことはできないと感じています。そういう意味では、指導者としての幅を広げることができていると思いますし、日々、新しい学びもあります。私自身も、まだまだ勉強中の身であると実感します。

これまでの指導者人生の中で、サッカーの技術的なミスや、上手にプレーできない選手に対して怒ったことは一度もないと思います。技術的に上手ではないとしても、特に問題はありません。初心者もいる公立中学校なのだから、できないことがあるのは当然のことですから。

ただし選手たちには「サッカーがうまくなくてもいい。でも手を抜かずに一生懸命にやること、それだけは約束してほしい」と常々伝えています。それと同時に「できないことを、できないままにしないでほしい」という話もします。本書の中でも書きましたが、彼らには、生涯スポーツとしてできるだけ長くサッカーを続けてほしいし、「上手ではないからサッカーをやめる」というようには、なってほしくないと思っているからです。この本を手にとる選手たちに、少しでもこの思いが伝われば幸いです。

末筆ながら、これまでも多大なサポートをいただいている選手の保護者の皆さま、チームスタッフの皆さま、学校や地域の皆さまへ感謝申し上げます。皆さまの支えがあってこそ私は指導者として活動できていますし、こうして自分の考えを本という形に残すことができたと思います。本当にありがとうございました。

中村京平

著者
中村京平　なかむら・きょうへい

1981年7月9日生まれ、神奈川県出身。国際武道大学を卒業後、中
学校教員となり、2012年に藤沢市立鵠沼中学校に赴任。サッカー
部の監督として、2017年、2019年、2022年の全国中学校サッカー
大会に出場し、2017年と2022年大会ではベスト16に進出。2022年
度をもって退任し、2023年度からは藤沢市立滝の沢中学校を率い
る傍ら、上越高校(新潟県)のスカウト担当なども務めている。

撮影協力
藤沢市立鵠沼中学校サッカー部

中学デビューシリーズ
サッカー入門

2024年7月31日　第1版第1刷発行

著者　中村京平

発行人　池田哲雄
発行所　株式会社ベースボール・マガジン社
〒103-8482
東京都中央区日本橋浜町2-61-9　TIE浜町ビル
電話　03-5643-3930（販売部）
　　　03-5643-3885（出版部）
振替口座 00180-6-46620
https://www.bbm-japan.com/

印刷・製本　共同印刷株式会社